夫スティーブンへ

私が自分を信じられないときにも
私を信じて、支えてくれたことを感謝しています。


娘ケイリーへ

自分に誇りを持ってください。
私もあなたのような、強くて若い女性の母親であることを
誇りに思っています。


この本を書くきっかけをくれた息子クリストファーへ

きっとあなたには成し遂げられると、私はいつも信じていました。
すばらしい若い男性に成長したあなたを誇りに思います。
さあ、世界へと羽ばたいてください！

シャロン・A・ハンセンより


*THE EXECUTIVE FUNCTIONING WORKBOOK FOR TEENS*
by Sharon A. Hansen
Copyright©2013 by Sharon A. Hansen
Japanese translation rights arranged with NEW HARBINGER PUBLICATIONS INC.
through Japan UNI Agency, Inc., Tokyo.

# 10代のみなさんへ

指紋が一人ひとりちがうように、脳も人によってとてもちがっています。覚えることが非常に得意な脳の人も、すばらしくクリエイティブな脳を持つ人も、整理が完璧な脳の人もいるでしょう。どんな脳であっても、それは自分の脳です。自分の脳に合わない方法ではなく、自分の脳に合った使い方を覚えていきましょう。

同年代の友だちのほうが自分より物事を簡単に覚えられるし、「なんでもうまくできる」と思ったことはありませんか？　それに引きかえ、自分の頭は体にくっついていなければ、どこかへ飛んで行ってしまいそうだと思ったりしていませんか？

ときどき、どうしていいかわからなくなったり、混乱したり、準備ができなかったり、考えがまとまらなかったりといったことはありませんか？　こうしたことは、正常な成長の一過程であることもありますが、「実行機能」が弱いことを示す場合もあるのです。

実行機能というのは、「自己理解」「整理機能」「時間管理」「感情制御」「行動制御」「融通性」「自発性（イニシアティブ）」「注意力」「ワーキングメモリー（作業記憶）」「持久力」といった能力のことです。

そのうちの1つが弱いという人も、弱い力がいくつかある、という人もいるでしょう。実行機能が弱いというのは、いったいどういうことか、どんなふうに感じるかは、どの分野が弱いのかによってもちがってきます。

たとえば、「整理機能」が弱い人は、学校のノートやロッカーを整理するのがとても苦手かもしれません。「ワーキングメモリー（作業記憶）」が弱い人は、宿題があることを忘れてしまうかもしれません。「行動制御」が弱い人は、授業中に手を挙げずに発言してしまうかもしれません。あなたにもそんな経験はありませんか？　もしあれば、この本のトレーニングがきっととても役立つでしょう。

この本は自分1人でもできるように作られていますが、必要な時は信頼できる大人に助けてもらってください。その人はお父さんかお母さん、あるいは先生やスクールカウンセラーなどあなたの周りにいる信頼できる大人です。この本のトレーニングは、練習すればするほど、実行機能が上達します。日常生活の中で、どんなときにその力を使えばいいか、大人に教えてもらうといいですね。

私たち人間の目標は、人生を上手にコントロールし、前向きな判断をし、明るく実りある将来へと進んでいくことではないでしょうか。この本のトレーニングがあなたにそんな未来を届ける助けとなってくれることを願っています。

グッドラック！

シャロン・A・ハンセン

# 大人のみなさんへ

　息子のクリスが生まれたとき、きっと賢くてお行儀のよい優秀な生徒になるだろうと私は想像しました。今年、高校を卒業したクリスはとても聡明で、割とお行儀のよい息子に成長してくれました。でもそれまでのクリスは、学校の成績が芳しくないこともありました。

　小学生のころからずっと、クリスは宿題をするのが苦手でした。宿題に必要なものを家に持って帰るのを忘れることもよくありました。それに学校に関することにはなにも興味を示しませんでした。5年生の時、心理検査をしたところ、「整理機能」「処理機能」「ワーキングメモリー（作業記憶）」が弱いことがわかりました。これらは「実行機能」に関する能力です。

　実行機能とは、物事をやり遂げるために、日常のことがらを整理したり計画したり管理したりする一連の能力です。実行機能の弱い10代は、作業に取りかかったり、努力し続けたり、はじめたことをやり終えたりすることが苦手です。

　クリスは同年代の子どもたちより、頭が悪かったわけではありません。成績のよい子と同じような脳の働きをしていなかっただけなのです。背の低い人や高い人がいるように、実行機能がより優れている人も弱い人もいるのです。子どもが実行機能を必要とすることが苦手であっても、その子どもは「正常ではない」というわけではありません。「正常」の1つのタイプなのです。

　多くの10代にとって、主な実行機能をつかさどる脳の部分（前頭前野）は、まだ発達している途中です。ごく最近の脳の研究によって、前頭前野は20代半ばから20代終わりになるまで発達し続けることがわかっています。

　これはとても重要なことです。なぜなら、まだ10代の子の実行機能を改善させる方法がたくさんあるということなのですから。子どもが、歩いたり、話したり、自転車に乗ったり、そのほかにもいろいろなことを身につけるために、多くの練習が必要だったように、実行機能も練習によって発達させることができるのです。

　実行機能のある分野は強く、ある分野は弱い子もいるかもしれません。本書の1つ目のトレーニングは、実行機能のそれぞれの分野の力を知るためのものです。自分の強いところと弱いところがわかったら、どの分野を練習するかを決める手助けをしてあげてください。

　この本のトレーニングは、子どもの実行機能向上に役立ちますが、各能力がしっかり身につくまで、何度も練習させることが大切です。新しいことが習慣になるま

でには、28日かかると言われています。

　しかし、実行機能を必要とする作業が苦手な10代にとっては、2倍、3倍もの時間がかかるかもしれません。本人にとってもつらいことですが、周囲でサポートする大人もイライラするかもしれません。この本は10代の子どもが1人でもできるように書かれていますが、常時できるようになるまでは、「実行機能のコーチ」として親や大人が、できるだけトレーニングに参加するようにしてください。しっかりした「足場」ができれば、子どもの人生はきっと充実したものになるでしょう。

　あなたと子どもの人生がよい旅となりますように！　子どもの進歩をサポートしていてフラストレーションを感じることもあるでしょう。でも、どうぞ優しく接してあげてください。

シャロン・A・ハンセン

# もくじ

10代のみなさんへ……………3

大人のみなさんへ……………4

| | | |
|---|---|---|
| トレーニング1 | 実行機能の自己査定 …………………………………… | 8 |
| トレーニング2 | 自分に目を向けてみよう …………………… | 14 |
| トレーニング3 | 自分の中の「怪物」をやっつけよう …………………… | 18 |
| トレーニング4 | ゆっくりやってみよう …………………… | 22 |
| トレーニング5 | 整理できていないのは、どこだろう？ …………… | 26 |
| トレーニング6 | いらないものは片づけよう …………… | 30 |
| トレーニング7 | 整理に役立つ道具 ………………… | 34 |
| トレーニング8 | 時間の使い方を見直そう …………… | 38 |
| トレーニング9 | 時間の計画を立てよう …………… | 42 |
| トレーニング10 | 1日の計画を立てよう ……………… | 46 |
| トレーニング11 | 気持ちは、どこからくるのだろう？ ………… | 50 |
| トレーニング12 | 自分の気持ちを理解しよう …………… | 56 |
| トレーニング13 | ネガティブな気持ちに対処しよう ………… | 60 |
| トレーニング14 | 衝動ってなんだろう？ …………… | 66 |
| トレーニング15 | 行動する前に考えよう ………… | 70 |
| トレーニング16 | 友だちからの悪い誘いに負けない ……… | 76 |
| トレーニング17 | 柔軟に考えよう ………………… | 80 |
| トレーニング18 | 状況に合わせて即興でやってみよう ……… | 84 |

| トレーニング 19 | ものの見方を変えてみよう ………………………… 88 |
| トレーニング 20 | 先のばしという問題 ………………………………… 92 |
| トレーニング 21 | 課題をステップにわけよう ………………………… 98 |
| トレーニング 22 | 必要な時は大人や友だちに助けてもらおう ……… 102 |
| トレーニング 23 | デジタル機器とのつきあい方 ……………………… 106 |
| トレーニング 24 | 目先の満足と将来の満足 …………………………… 110 |
| トレーニング 25 | 集中力を高めよう …………………………………… 114 |
| トレーニング 26 | ワーキングメモリー（作業記憶）を向上させよう ………… 118 |
| トレーニング 27 | 記憶術を使おう ……………………………………… 124 |
| トレーニング 28 | 記憶力がアップする脳トレ ………………………… 128 |
| トレーニング 29 | 将来の自分へ手紙を書こう ………………………… 132 |
| トレーニング 30 | あきらめずに、やり続けよう ……………………… 136 |
| トレーニング 31 | はじめはうまくいかなくても、あきらめないで！ ………… 142 |

アメリカの出版社からのメッセージ…………………………………………… 147

日本語版によせて……………………………………………………………… 148

＊凡例：日本語版翻訳に際しては、人名、
地域名、一部のワークの課題を日
本の子ども向けに適宜アレンジし
ました。

# 実行機能の自己査定

　「実行機能」とは、目標を達成するために必要な能力のことです。計画を立てたり、整理整頓したり、時間管理をしたり、判断をしたりと、日常生活ではいろいろな力が必要です。実行機能が低いと、期限までに宿題をすませて提出することができなかったり、ノートやファイルやロッカーを整理したりするのが苦手かもしれません。周りに気の散ることがあると、時間をうまく管理することができないことがあります。家では、感情を抑えられなかったり、複雑な指示に従えなかったり、自分の部屋を片づけたりすることができないかもしれません。

　背の高い人と低い人がいるように、実行機能の能力が高い人もそうでない人もいます。ですから、実行機能が低くても「正常ではない」のではありません。10代の多くはまだこの機能が発達段階だと考えましょう。

　トレーニング1で、あなたの実行機能の高い部分と低い部分を見つけるために自己査定をしてみましょう。

　その結果に基づいて、どのトレーニングから練習をはじめるかを決めていきます。最初に自分のもっとも弱い分野を練習したら、それほど練習の必要のない分野へと進んでいきましょう。

　実行機能がアップすればするほど、毎日がうまくいくようになりますよ！

# トレーニング 1

## やってみよう  for you to do!

●次の文を読んで、自分に当てはまると思ったら✓をつけましょう。自分について知っていることや、周囲の人に言われたことに基づいて考えましょう（10の分野にわけられていますが、それについては後で説明します）。

### 分野1

- ☐ なにかをするとき、早く終わらせたくて大急ぎでやってしまう
- ☐ 問題解決の方法を考える作業やゲームは嫌いだ
- ☐ 指示はくり返してもらわないとわからない
- ☐ 自分の行動が人にどんな影響を与えているか自分では気づいていないと、周囲の人に言われたことがある

### 分野2

- ☐ 宿題に必要なものを学校から持ち帰るのを忘れる
- ☐ 宿題をすませても、どこに置いたかわからなくなる
- ☐ 自分の部屋やカバン、学校のロッカーや机の中をきれいにしたり、整理したりするのが苦手だ
- ☐ 必要なものが見つからないことがしょっちゅうある

### 分野3

- ☐ 宿題や用事を時間通りに終わらせるように、早めにやりはじめることが苦手だ
- ☐ 新しい予定をスケジュールに加えるのが苦手だ
- ☐ なにかをし終えるのに、どのくらい時間がかかるかを正確に予想することができない
- ☐ 宿題や作業を期日までに終えられないことがよくある

### 分野4

- [ ] しょっちゅう、かんしゃくを起こす
- [ ] 自分は同年代の友だちより神経質だと思う
- [ ] 怒りの気持ちをコントロールするのが苦手だ
- [ ] 小さなことで腹を立ててしまう

### 分野5

- [ ] 人の会話をじゃますることがある
- [ ] 不適切な意見や、よくないことを言うと、人に指摘されたことがある
- [ ] 指示を待ったり、説明をよく読んだりしないで、作業に取りかかってしまう
- [ ] 授業中、先生に指されないうちに、うっかり答えを言ってしまう

### 分野6

- [ ] 予定が変更になるとうまく対処できない
- [ ] 教室を移動したり、放課後の帰宅がスムーズにできない
- [ ] 一度失敗したらあきらめてしまう
- [ ] よくわからないときでも、助けを求めることができない

### 分野7

- [ ] 言われないと作業に取りかかれない
- [ ] 言われないと家の用事や宿題をやり終えることができない
- [ ] 家や学校の規則を思い出させてもらわないと忘れてしまう
- [ ] 1つの作業からほかの作業へ移るのが苦手だ

### 分野8

- [ ] 特に難しい作業はやり終えることができない
- [ ] 大きな宿題や課題があると、圧倒されてしまう
- [ ] 周囲にちょっと気の散るものがあると、無視できない
- [ ] 作業をせずに、近くの人とおしゃべりをしてしまう

### 分野9

- [ ] 3つ以上のことを口頭で伝えられるとなかなか覚えられない
- [ ] 宿題を全部そろえて提出するのを忘れる
- [ ] 宿題や課題に必要なものを、学校から家に持って帰るのを忘れる
- [ ] いくつものパートにわかれた問題は、1つ目のパートしか答えられない

### 分野10

- [ ] 作業を妨げられると、なかなか作業に戻れなくなる
- [ ] 退屈な作業を「やり続け」られない
- [ ] 作業に集中しようとしていても、すぐに気が散ってしまう
- [ ] 学校や家で目標を決めるのが苦手だ

> それぞれの枠の中に ✓した数を書き入れよう！

## チェック結果表

| 分野1 | 分野2 | 分野3 | 分野4 | 分野5 |
|---|---|---|---|---|
|  |  |  |  |  |

| 分野6 | 分野7 | 分野8 | 分野9 | 分野10 |
|---|---|---|---|---|
|  |  |  |  |  |

10 の分野の各項目で、自分に当てはまるものが 4 つのうち 2 つ以上あれば、その分野の実行機能が弱いかもしれません。このトレーニングブックには、これらの 10 の分野の実行機能を高めるトレーニングが、それぞれ 3 つずつ紹介されています。

## 身につけたい10の実行機能

|  |  |
|---|---|
| **分野 1 ──────── 自己理解力**<br>　自分のことや、自分のものごとのやり方についてどのくらい理解しているかを知る力 | トレーニング<br>**2、3、4** |
| **分野 2 ──────── 整理力**<br>　整理したり、整理した状態を保ち、どこになにがあるかがわかる能力 | トレーニング<br>**5、6、7** |
| **分野 3 ──────── 時間管理力**<br>　作業にかかる時間を正確に予測したり、時間を有効に使う力 | トレーニング<br>**8、9、10** |
| **分野 4 ──────── 感情制御力**<br>　腹が立ったり、悲しくなったり、いらついたりするような状況でも冷静でいられる力 | トレーニング<br>**11、12、13** |
| **分野 5 ──────── 行動制御力**<br>　不適切なことをしないように自分を制する力 | トレーニング<br>**14、15、16** |
| **分野 6 ──────── 柔軟力**<br>　行動や計画を変えることのできる柔軟さ | トレーニング<br>**17、18、19** |
| **分野 7 ──────── 自発力**<br>　人に言われなくても、自分からプロジェクトや作業をはじめられる力 | トレーニング<br>**20、21、22** |
| **分野 8 ──────── 集中力**<br>　興味のない作業にも集中し続ける力、特に気が散りやすい状況でも集中する能力 | トレーニング<br>**23、24、25** |
| **分野 9 ──────── ワーキングメモリー力 (作業記憶力)**<br>　ある作業をやり遂げるために、必要な情報を覚えておく力 | トレーニング<br>**26、27、28** |
| **分野 10 ──────── 持久力**<br>　退屈な作業でも、はじめから終わりまでやり抜く力 | トレーニング<br>**29、30、31** |

＊トレーニング 31 は、最後のトレーニングです。ほかのトレーニングを少なくともいくつかすませてから行なう方が効果があります。

トレーニング ①

## もっとやってみよう
.......... more to do!

● 9〜11ページの自己査定で、実行機能のどの分野が弱いかがわかりました。4つともチェックした分野、3つチェックした分野……という順序に自分が弱かった分野から、下の表に記入します。まず1番弱い分野からトレーニングをはじめて、10番目までトレーニングしていきましょう。

### 実行機能トレーニング計画表

| トレーニングの順序 | トレーニングする実行機能の分野 | トレーニングの番号 |
|:---:|:---|:---|
| 1 | 分野（　　　）＿＿＿＿＿＿力 | （　　）、（　　）、（　　） |
| 2 | 分野（　　　）＿＿＿＿＿＿力 | （　　）、（　　）、（　　） |
| 3 | 分野（　　　）＿＿＿＿＿＿力 | （　　）、（　　）、（　　） |
| 4 | 分野（　　　）＿＿＿＿＿＿力 | （　　）、（　　）、（　　） |
| 5 | 分野（　　　）＿＿＿＿＿＿力 | （　　）、（　　）、（　　） |
| 6 | 分野（　　　）＿＿＿＿＿＿力 | （　　）、（　　）、（　　） |
| 7 | 分野（　　　）＿＿＿＿＿＿力 | （　　）、（　　）、（　　） |
| 8 | 分野（　　　）＿＿＿＿＿＿力 | （　　）、（　　）、（　　） |
| 9 | 分野（　　　）＿＿＿＿＿＿力 | （　　）、（　　）、（　　） |
| 10 | 分野（　　　）＿＿＿＿＿＿力 | （　　）、（　　）、（　　） |

# 自分に目を向けてみよう

やっかいなことに、実行機能が弱いことに自分では気づかないことがよくあります。あなたにどんな問題があるかを、周囲の人から、鏡のように見せてもらわなくてはならないこともあるでしょう。なにが問題なのかをずばり知ることが、解決方法を見つけるもっとも重要なステップの1つです。

　中学2年生のケイタさんは、どうしていつも大人たちにガミガミ言われるのかわかりませんでした。先生にも親にも、ああしろ、こうしろ、としょっちゅう叱られていました。ケイタさんは、たまに赤点を取りますが、勉強はまあまあできる方だと自分では思っていました。しかし、勉強やそれ以外のことに全力を注いでいません。それが問題だということに本人は気づいていなかったのです。

　ある日、ケイタさんのどこが心配なのかを親が説明してくれました。「ケイタは頭がいいのに、能力に比べて成績がずっと低い」「ケイタは、勉強や家の手伝いもちゃんとするよう態度を改めるべきだ」と親に言われました。はじめは、ケイタさんは親にそんなふうに見られていたのかと、納得がいきませんでした。でも数日たつうちに、親の言っていることが正しいかもしれないと思いはじめました。

　そこでちょっと実験をしてみることにしました。3日間、ケイタさんは宿題をちゃんとやって提出する努力をしました。また、授業中もしっかり集中して、家でも、親の言うことを注意深く聞いて、やるべきことを紙に書き、実行できるようにしました。すると次第に、大人たちの自分に対する様子が変わってきました。ケイタさんに対して辛抱強くなり、わからないことは時間をかけて助けてくれるようになりました。そこで、ケイタさんはこの実験が習慣になるまで努力を続けることにしました。

トレーニング ②

## やってみよう
for you to do!

●下の四角の上半分①に、自分のことをどう思うかを言葉や絵で描いてみましょう。よいところも悪いところも描きましょう。下半分②には、親や先生や友だちやきょうだいが、あなたをどう見ているかを、言葉か絵で表しましょう。よいところも悪いところも描きましょう。

①自分に見える自分の姿：

②ほかの人から見たあなたの姿：

15

## もっとやってみよう  more to do!

● 15 ページで描いた自分を表す言葉や絵について、次の質問に答えましょう。

**質問1** ①自分に見える自分の姿と、②ほかの人から見たあなたの姿には、どんな類似点がありましたか？

**質問2** ①自分に見える自分の姿と、②ほかの人から見たあなたの姿には、どんなちがいがありましたか？

**質問3** ちがいがあるのはなぜだと思いますか？

トレーニング ②

**質問4** 15ページの2つの言葉や絵のどちらが、「本当の」自分に近いと思いますか？ ○で囲みましょう。

　　　　①自分に見える姿　　　　②ほかの人から見た姿

**質問5** 15ページの2つの言葉や絵から、よいところを組み合わせたり、悪いところを変えたりして、新しい「自分」（やるべきことがちゃんとできて、自分にも周囲の人にも望まれるような人）になるには、どうすればよいか考えましょう。

...............................................................................................................................................
...............................................................................................................................................
...............................................................................................................................................
...............................................................................................................................................
...............................................................................................................................................

# 自分の中の「怪物」をやっつけよう

トレーニング 3

　実行機能が弱い人の中には、自分のことをネガティブに受け止める人が多くいます。実行機能が弱いから、自分は人より劣っているんだと思い込んでしまうのです。自分がどんな人間かということと、自分の弱点とをわけて考えるようにしましょう。問題を外在化する（自分自身から離す）ことができるようになり、自尊感情を傷つけずに弱点を改善することができるようになります。

　トレーニング2でわかったように、自分の弱点を知ることはたやすいことではありません。それに弱い部分がわかっても、改善なんてできるはずないと思うかもしれませんね。でもそんなことはありません。実行機能の能力を高めれば、いろいろなことがうまくできるようになるのです。

　自分を内側から見るのではなくて、ときには一歩下がって外側から自分の状況を見てみるのも役に立ちます。難しそうに聞こえるかもしれませんが、やり方を覚えれば、自分でコントロールできることやできないことが、ずっとうまく判断できるようになります。そして人生を前向きに変えられるように、一歩ずつ改善していけばよいのです。

トレーニング 3

## やってみよう

for you to do!

●左下の小さい四角に、もっとも努力が必要だと思う実行機能を書きましょう（トレーニング1の「身につけたい10の実行機能」の分野を見て思い出しましょう／12ページ）。次に、右下の小さい四角に、あなたが怖いと思っている動物や、以前怖かった動物の名前を書いてください。上2つの四角に書き込んだら、今度はその下の大きい四角に、自分でコントロールできない実行機能と怖い動物の両方を象徴するような「怪物」を絵にしてみましょう。

もっとも努力の必要だと思う実行機能：

　　　　分野（　　　）

　　_____力

以前怖かった動物、今でも怖い動物：

_____

_____

上の2つを象徴するような「怪物」の絵：

## もっとやってみよう

more to do!

●自分の弱いところを、自分の一部や、自分の内面にあるものだと考えずに、ときどきやってくる「怪物」だと想像してみましょう。そうすれば、怪物をやっつけたり、怪物に生活を支配されないようにすることができることに気づくでしょう。あなたの描いた「怪物」について答えましょう。

**質問1** その「怪物」は、どんなことをしてあなたの人生を混乱させていますか？

（例）**勉強しようとすると…**

**質問2** その「怪物」が喜ぶのはどんなことですか？

**質問3** その「怪物」はどんな技を使って、自分の思い通りにしていますか？

**質問4** その「怪物」が起こす大混乱について、どう思いますか？

**質問5** その「怪物」が悲しむのはどんなことですか？

**質問6** その「怪物」にあなたの人生を牛耳られないようにするには、どうすればいいでしょう？

**質問7** その「怪物」が戻ってくるのを防ぐには、どんな方法がありますか？

**質問8** その「怪物」をなかなか退治できないのなら、だれに連絡して助けてもらえばよいでしょう？

# トレーニング 4 ゆっくりやってみよう

実行機能の弱い10代は、勉強や家の手伝いに一生懸命取り組まないことがよくあります。早く終わらせようと急いでしまうのです。ゆっくりスローダウンできるようになれば、もっと努力できるようになります。

　高校1年生のヨウコさんは宿題をいつも急いですませようとして、ケアレスミスをします。家の手伝いでも、大急ぎで終わらせようとするので、きちんとできないことがよくあるのです。親がそれを見てイライラしていることに、ヨウコさんは気づきません。自分ではちゃんとうまくできていると思っていたのです。

　しかし、何度も悪い成績を取ったので、先生と親とヨウコさんが三者面談をすることになりました。ヨウコさんが宿題でも家の用事でも早くすませようと大急ぎでやっているように見えるということ、そしてそれが、ちゃんとできないことの大きな原因だと思われることを、先生と親に言われて、ヨウコさんはそうかもしれないと思いました。

　それから、彼女はスローダウンする努力を一生懸命にしてみました。すると、どんなことでも時間をかければもっとうまくできることに気がついたのです。家の手伝いや宿題がきちんとできるようになって親も先生もハッピーです。親と先生が喜んでくれてヨウコさんも満足です。それに成績が上がったのもうれしいことです。

トレーニング 4

## やってみよう　for you to do!

SLOW の頭文字を使って、スローダウンして時間をかけることを思い出しましょう。

> **S**──Stop（ちょっとまって）
> **L**──Listen（アドバイスをちゃんと聞いて）
> **O**──Observe（きちんと作業ができている人をよく観察して）
> **W**──Work hard（言われたように宿題や手伝いをすませる努力をしましょう）

●あなたが急ぎすぎるのは、どんなことですか？　下の欄に書いてみましょう。

| 「急ぎすぎだよ」と言われること ||
|---|---|
| 学校で<br>（例）**漢字テスト** | 家で<br>（例）**食後の片づけ** |
|  |  |
|  |  |
|  |  |
|  |  |

●どの作業に SLOW のテクニックを使うとよいでしょう？　人のアドバイスを聞いたり、ほかの人のやっていることを観察できるのは、どんなときですか？

23

## もっとやってみよう

more to do!

● 23 ページの表に書いた作業のうち定期的に行なっているものを 1 つ選んで、下線の上に書きましょう。その作業をするときに、どれくらい時間がかかっているかを調べてみましょう。いつものやり方でやって、はじめた時間と終わった時間を書きましょう。

**定期的に行なっている作業**

はじめた時間： 　　　　　終わった時間： 　　　　　かかった時間：

● その作業がどれだけうまくできたかを、1 から 10 で採点して数字を〇で囲みましょう。（1 はよくできなかった、10 はとてもよくできた）

| 1 | 2 | 3 | 4 | 5 | 6 | 7 | 8 | 9 | 10 |

● 次に、あなたの作業のできぐあいを親や先生に 1 から 10 で採点してもらい、当てはまるところに〇をつけましょう。

| 1 | 2 | 3 | 4 | 5 | 6 | 7 | 8 | 9 | 10 |

● どうすればもっとうまくできたか、親や先生と話し合ってみましょう。親や先生から言われたことを書きましょう。

●次に同じ作業をするとき、またはじめる時間を記録しましょう。そしてスローダウンするのを忘れないで、親や先生と話し合った改善点に特に注意しながら作業をしましょう。やり終わったら、時間を記録しましょう。

はじめた時間： ⋯⋯⋯⋯⋯⋯　終わった時間： ⋯⋯⋯⋯⋯⋯　かかった時間： ⋯⋯⋯⋯⋯⋯

●その作業がどれだけうまくできたかを、1 から 10 で採点して数字を〇で囲みましょう。（1 はよくできなかった、10 はとてもよくできた）

1　　2　　3　　4　　5　　6　　7　　8　　9　　10

●次に、あなたの作業のできぐあいを親や先生に 1 から 10 で採点してもらい、当てはまるところに〇をつけましょう。

1　　2　　3　　4　　5　　6　　7　　8　　9　　10

● 2 度目には、もっと時間がかかりましたか？

⋯⋯⋯⋯⋯⋯⋯⋯⋯⋯⋯⋯⋯⋯⋯⋯⋯⋯⋯⋯⋯⋯⋯⋯⋯⋯⋯⋯⋯⋯⋯⋯⋯⋯⋯⋯⋯

●あなた自身の採点と、親や先生の採点は、どうでしたか？（1 つ選んで〇で囲みましょう）

| よくなった | 同じだった | 悪くなった |

# 整理できていないのは、どこだろう？

　整理すると、必要なものを早く簡単に見つけられるようになり、毎日の作業効率がよくなります。整理が上手になれば成績が上がり、家でも探しものが減って、自分も親もイライラしなくなるでしょう。整理がうまくできないと日常にどんな影響があるか、それを知ることが改善の第一歩です。

　「ショウタ、学校に行く時間だよ！」お父さんが1階から呼んでいます。高校2年生のショウタさんは、あわてて荷物をかき集めます。カバンをつかんで階段を駆け下りはじめたとき、英語の宿題を入れ忘れたのを思い出して、また階段を駆け上がります。宿題をカバンに突っ込み、上着をつかんで家の外へ飛び出し、ちょうど来たバスに飛び乗りました。
　「やれやれ、間に合ったぞ」でもそのとき、お弁当を台所に忘れてきたことを思い出します。「やっちゃった！」ショウタさんは携帯電話を取り出してお母さんに電話をします。「ねえ、学校にお弁当持ってきてくれる？」「何度同じことをしたら気がすむのよ？　お弁当を忘れたり、本を忘れたり！　もっとちゃんと整理しなさい」とお母さんはため息をつきながら言いました。
　数学の時間になりました。先生が昨日の宿題を出すように言いました。ショウタさんは、カバンをひっくり返して探しましたが宿題は見つかりません。先生に「ぼく宿題やったんです。でも家に忘れてきちゃったみたい。明日必ず持ってきます！」と、言います。「明日でもいいけど、遅れた分は点を差し引くよ」と先生に言われたショウタさんは、家に帰ったら忘れずにカバンに入れようと頭に刻み込みました。
　化学の時間、先生がテストをすると言いました。「えー！　うそだろう！」とショウタさんが言うと、隣の生徒が「昨日先生がそう言ってたじゃないか」と言います。ショウタさんはため息をついて鉛筆を取り出しました。勉強してこなかったのでほとんど答えがわかりません。「しかたない。先生はきっと再テストをしてくれる」とショウタさんは考えます。
　学校から帰ったショウタさんは、くつを脱いで、台所の床にカバンを放り出すと冷蔵庫からお菓子を取り出して、1時間ほどテレビを見て、ゲームをしました。夕飯のあとでお母さんに宿題はないのかと聞かれました。「ないよ、ぜんぶ学校でやったから」とショウタさんは答えます。こうしてあくる日も、また同じことがくり返されるのです。

トレーニング 5

## やってみよう

for you to do!

●ショウタさんが整理できていなかったのはどんなところでしょう？　下の表に、ショウタさんの1日をめちゃくちゃにした行動を書いてみましょう。それから整理ができなかったために、どんなネガティブなことが起きたかも書きましょう。1つ目の例を参考にしてください。

| ショウタさんが整理できなかったこと | それがもたらしたマイナスな結果<br>（結果は1つ以上あるかもしれません） |
|---|---|
| （例）<br>カバンに宿題を入れなかった | （例）<br>・バスに間に合うように、大あわてで用意しなくてはならなかった<br>・悪い点を取った |
|  |  |
|  |  |
|  |  |
|  |  |
|  |  |

27

## もっとやってみよう

more to do!

●今度は、自分の日常について下の表に書き込みましょう。整理できなかったことと
マイナスな結果の関係が、すぐにはわからない場合もあるでしょう。日常のすべての
場面についてよく考えてみましょう。

| わたし（ぼく）が整理できなかったこと | それがもたらしたマイナスな結果<br>（結果は２つ以上あるかもしれません） |
|---|---|
| （例）<br>カバンの中がごちゃごちゃ | （例）<br>宿題が見つからなくて成績が下がった |
| | |
| | |
| | |
| | |
| | |
| | |

トレーニング ⑤

| わたし（ぼく）が整理できなかったこと | それがもたらしたマイナスな結果<br>（結果は２つ以上あるかもしれません） |
|---|---|
|  |  |
|  |  |
|  |  |
|  |  |
|  |  |
|  |  |
|  |  |

# いらないものは片づけよう

　整理整頓の大部分は、定期的に自分の持ちものを調べて、いらないものや必要のないものを取り除く作業です。受け取ったものすべてを取っておいたら、いつの間にかものがあふれて溺れそうになってしまいます！　週に１度、いらないものを捨てるようにすれば、よく整理ができるようになって、必要なものが必要な時に見つけやすくなるでしょう。

　中学１年生のソノコさんの部屋は、とても散らかっています。机の上に紙があふれ、床には洋服が散らかっています。棚には飲みかけの水のボトルやお菓子の包み紙が放ってあります。ソノコさんは散らかっていてもへっちゃらなのです。必要なものはちゃんと見つけられるから、部屋を整理する必要なんかないと言い張ります。

　ソノコさんのカバンも同じような状態です。学校のプリントがめちゃくちゃに突っ込まれています。適当なフォルダーに押し込んでいるので、いつだって必要なプリントを探し出すことができません。そのため成績もあまりよくありません。

　部屋とカバンの中を整理するようにと、毎日のようにお母さんがソノコさんに懇願します。でもソノコさんが部屋を掃除しようとすると、なにかを見つけて気が散ったり、友だちから電話がかかってきたりします。そんなわけで、ソノコさんの部屋もカバンも一向に整理されません。

トレーニング 6

## やってみよう

for you to do!

●身の周りで整理が必要な場所を1カ所選んで、次の簡単な方法を使って片づけてみましょう。

**1．整理したい場所からすべてのものをどけましょう。**

➡とっておきたいものはあとで元へ戻しますが、まずなにもないところからはじめるとやりやすいのです。

**2．ものを3つのグループにわけましょう。1つ目はとっておきたいもの、2つ目は捨ててもいいもの、3つ目は寄付するものです。**

**3．整理のシステムを決めましょう。**

➡たとえば、科目ごとにフォルダーの色をわける、棚の上にバスケットをいくつか置いて、同じようなものをわけて入れる方法などです。

**4．とっておくものを入れる場所を決めましょう。**

➡たとえば、やり終えた宿題はフォルダーの片側のポケットに入れる、まだやっていない宿題は反対側のポケットに入れる、というように。ゲームはまとめて棚の上の1つのバスケットに入れるような方法です。

**5．整理のシステムに従って、とっておくものをしまい、いらないものは捨てます。**

➡一般的に言って、6カ月間使わなかったものは、たぶんいらないものです。捨ててもいいでしょう。

**6．1週間後、まだ整理できているかを見てみましょう。**

➡必要なら、1～4の手順でくり返しましょう。

**7．毎週少し時間をかけるだけで、その場所が整理できるようになったら、今度は別のところを整理してみましょう。自分の生活にとってもっとも重要な場所からはじめましょう。**

**アドバイス**

この方法を、少なくとも何週間か続けてみましょう。続けてみて、この方法が合わないようなら、親と相談してほかの整理方法を探してみましょう。覚えやすくてやりやすい方法を選ぶことが大切です。

31

## もっとやってみよう

more to do!

●下の表をコピーして使いましょう。35ページの整理方法を使って、整理が必要なところを定期的に整理しましょう。1カ月目は、下のリストから、あなたにとってもっとも大切な場所を1つか2つ選びましょう（自分で決めて書き足してもいいですよ）。整理ができたら、その週のところに✓をつけます。整理がうまくなったら、毎月整理する場所を1つずつ増やしていきましょう。

| _____月 | | | | |
|---|---|---|---|---|
| 整理するところ | 1週目 | 2週目 | 3週目 | 4週目 |
| 学校のカバン | | | | |
| 自分の部屋 | | | | |
| 自分の机 | | | | |
| 学校の机 | | | | |
| 学校のロッカー | | | | |
| | | | | |
| | | | | |
| | | | | |

トレーニング 6

● 身の周りが整理ができるようになって、どんな気分ですか？

● 来月、変えようと思うのはどんなところですか？

33

# トレーニング1 整理に役立つ道具

　身近には、整理に役立つテクノロジーを使った道具がたくさんあります。いろいろ試してみて、自分に一番合うものを見つけましょう。しなくてはならないことすべてが1つの道具で簡単に把握できるようなものを選ぶことが大切です。

　高校1年生のカズキさんは、宿題や家の用事をちゃんとすませたり、アルバイトや行事のスケジュールを守るのがとても苦手です。ある日、またアルバイトに遅刻したカズキさんは、整理する方法を見つけなくては、とついに決心しました。夜、お父さんといくつかの方法について相談しました。

　それから数週間、学期のはじめに学校でもらったスケジュール帳を使ってみました。この方法は少しのあいだは役に立ちましたが、また大切な用事を忘れることがありました。手帳を開いて必要なことをチェックするのを忘れたり、用事を手帳に書くのを忘れたりするからです。

　そこで両親が、電子オーガナイザー(スケジュールなどを管理する電子手帳)を買ってくれました。約束の時間、宿題、課題、家の用事などを電子オーガナイザーに書き込む方法を、お父さんに教えてもらいました。そして、その用事をする時間の直前に電子オーガナイザーのアラームをセットしました。カズキさんはやるべきことを電子オーガナイザーに入れて、いつも持っていくようにしました。アラームが鳴るとオーガナイザーを取り出して用事を思い出すことができるので、とても気に入っています。こうして何日かたつうちに、宿題や家の用事がずっとうまくできるようになりました。

＊オーガナイザー：整理するときやものをまとめるときに役立つ、多機能な道具。

〔監修者注〕：ただし、電子機器の使いすぎには注意。

トレーニング 7

## やってみよう　for you to do!

●下のリストは、整理するのによく使われる道具のリストです。あなたが今使っているものに✓をつけましょう。

| | | |
|---|---|---|
| ☐ | 壁かけカレンダー | 長期的な計画を素早く見られる |
| ☐ | 電子カレンダー | アラームとスヌーズの機能で用事を思い出させてくれる |
| ☐ | スマートフォンの カレンダーアプリ | カレンダーに書き込んだ用事を、ブザーやビープ音で知らせてくれる |
| ☐ | 付せん | 用件を書いてカレンダーや手帳に貼っておく |
| ☐ | リュック | 学校やアルバイトに必要なものをすぐに取り出せるようにまとめる |
| ☐ | 玄関 | 忘れないように、持っていくものを玄関の近くに置いておく |
| ☐ | フック | リュックや上着やカギをかけておく |
| ☐ | 多機能ペン立て | ホチキスやクリップ、はさみなどを収納する |
| ☐ | 小さいかご | 小さいものを収納する |
| ☐ | 本棚 | 本だけでなく、トロフィーのようなものを飾ったり、小物を入れたかごを置いたりする |
| ☐ | デスクトレイ | 必要なプリントを入れておく |
| ☐ | ファイルキャビネット | まだ捨てない書類などを、見えないところにしまう |
| ☐ | やることリスト | 毎日しなくてはならないことを書いておく |
| ☐ | 玄関のくつ箱 | くつだけでなくて、小さくて失くしやすいものを整理するオーガナイザーを置いておく |
| ☐ | アコーディオン式 ファイル | 書類をリュックやカバンに入れて持ち運ぶ |

●次に、まだ持っていないけど加えたいと思うものを1つか2つ選んでみましょう。どんなふうに整理に役立つと思いますか？

> **アドバイス**
> 整理するのに必要だと説明すれば、親はこうした道具を入手するの手伝ってくれるでしょう。1、2週間のあいだ、定期的に使ってみて、効果があるかみてみましょう。

トレーニング 7

## もっとやってみよう

more to do!

● 35 ページの表からいくつか新しい道具を試してみて、次の質問に答えましょう。

**質問 1** あなたにとって一番役に立ったのはどの道具ですか？　なぜでしょう？

**質問 2** あまり役に立たなかったのはどれでしょう？　なぜですか？

### アドバイス

　あなたの生活がうまく整理できるようになる道具がいくつか見つかるまで、いろいろ試してみましょう。1つの道具を選んだら、次の道具に移る前に、役に立つかどうか、少なくとも1週間のあいだ、毎日使って練習してみましょう。
　また、今持っている道具の新しい使い方ができないかも考えてみましょう。たとえば、仕切りのある小型のくつ箱はくつを整理するものですが、勉強に役立てることもできます。それぞれの仕切りの中に、問題を書いたカードとお菓子を1つずつ入れておいて、正しく答えられたらお菓子をもらいます。整理もできるし、やる気も出るし、一石二鳥ですね！

37

# 時間の使い方を見直そう

　時間管理能力は、自分のためになる時間の使い方を理解する力です。しなくてはならないことがあるのに、ネットやゲームをしたり、テレビを見たりしていることがよくあるかもしれません。しなくてはならないことをやっておけば、やりたいことをする時間がもっと増えることもあるのです。

　中学2年生のアイさんは、朝起きて朝ごはんを食べて、学校に行く準備をしています。荷物をまとめていたら友だちからSNSでメッセージが来ました。返事を書いていたら、準備が遅れてバスに乗り遅れてしまいました。そこでお母さんが会社に行く用意ができるのを待って、学校まで車で送ってもらいましたが、遅刻してしまいました。

　学校の帰り、アイさんは友だちの家によってゲームをしました。夕方6時にお母さんから「晩ごはんだよ」と電話があったので、家へ帰りました。

　夕飯のあとテレビをつけたら、好きな番組がやっていました。そのあとも2つの番組を見ました。そして10時になったとき、「宿題は終わったの？」とお母さんに聞かれました。「うん、終わったと思うよ」

　寝る準備をしているとき、翌日に歴史のテストがあることを思い出しました。さあ、難しい決断をしなくてはなりません。遅くまで起きて勉強するか、寝てしまうか。疲れていて勉強できないと思ったアイさんは、テストは出たとこ勝負でやってみようと思いました。でも、残念なことに赤点を取ってしまいました。

　アイさんは学校以外の時間の使い方を、もっとうまくコントロールする必要があります。

トレーニング **8**

## やってみよう　for you to do!

●下のリストの時間の使い方から、あなたがよく行なうことを選んで、✓をつけましょう。「時間のむだな使い方」は、時間を浪費して、しなくてはならないことができなくなるような時間の使い方です。「時間の有効な使い方」は、やるべきことができるようになる時間の使い方です。むだな使い方、有効な使い方それぞれ、ほかにもしていることがあれば書き加えましょう。

| | 時間のむだな使い方 | | 時間の有効な使い方 |
|---|---|---|---|
| ☐ | テレビを長時間見る | ☐ | 宿題をすませる |
| ☐ | ゲームを長時間する | ☐ | 楽器の練習をする |
| ☐ | SNS でチャットをし続ける | ☐ | テスト勉強をする |
| ☐ | ネットをし続ける | ☐ | 家の掃除をする |
| ☐ | 電話で長話をする | ☐ | 工作を仕上げる |
| ☐ | | ☐ | |
| ☐ | | ☐ | |
| ☐ | | ☐ | |

### アドバイス

　✓が多かった人は、学校や人生で成功するのに役立たないことに時間をかけすぎているかもしれませんよ。
　上のリストのような時間の使い方の多くは、使い方によって、「むだな使い方」にも「有効な使い方」にもなるものがあります。たとえば、「かけなくてはならない電話があるけどかけるのが怖いから、部屋を掃除している」というように、なにかを避けるために行なうのは「時間のむだな使い方」だと言えるでしょう。一方、ネットやテレビを見るのが宿題の一部なら「時間の有効な使い方」になるのです。

39

## もっとやってみよう ……… more to do!

　時間管理で大事なのは、①もっとも重要で今すぐすべきこと、②やらなくてはならないことだけど、それほど重要ではないこと、など優先順位を決めることです。

●次のリストを見て、アイさんの１日の時間の使い方の重要性が高いものに１を、まあまあ重要なものに２を、あまり重要でないものに３をつけて、アイさんのために優先順位を決めましょう。次に、あなた自身の典型的な１日の行動をリストにして、同じように優先順位をつけてみましょう。つけたら次の質問に答えましょう。

| アイさんの時間の使い方 | | | |
|---|---|---|---|
| | テスト勉強をする | | 友だちに SNS でメッセージを送る |
| | 学校へ行く用意をする | | 間に合うようにバスに乗る |
| | ゲームをする | | 夕食を食べる |
| | 朝食を食べる | | 時間通りに眠る |

| わたし（ぼく）の時間の使い方 | | | |
|---|---|---|---|
| | | | |
| | | | |
| | | | |
| | | | |

トレーニング 8

**質問1** あなたはどの時間の使い方に1番をつけましたか？

**質問2** なぜそれが、もっとも重要だと思ったのですか？

**質問3** どの時間の使い方に2番をつけましたか？

**質問4** なぜそれが、まあまあ重要だと思ったのですか？

**質問5** どの時間の使い方に3番をつけましたか？

**質問6** なぜそれが、あまり重要でないと思ったのですか？

●時間の使い方の優先順位を決めるのには、どんな理由が考えられますか？　いくつか書いてみましょう。

・

・

・

・

# 時間の計画を立てよう

　実行機能に弱いところのある人は、いつ、どのようにして、どこで、なにをしたらよいのか、なかなか計画を立てられないことがあります。そこで、計画を立てることがとても大切になります。次になにをするのかが一目でわかれば、とても役に立ち、ストレスもなくなります。

　中学1年生のアミさんがまだ小さいころは、お母さんが、歯医者さんの予約や、友だちと遊ぶ日や、スポーツの練習や試合の日などの計画表を作ってくれていました。でももう13歳になったので、自分でやってほしいとお母さんは考えて、アミさんが計画を立てられるように、とても大きな壁かけカレンダーを買ってきてくれました。でもアミさんはどこからはじめたらよいのかわかりません。そこで整理したり時間を管理したりするのが得意な友だちのハナさんを家に呼んで、カレンダーに書き込むのを手伝ってもらうことにしました。

　まず最初に、一番重要なことを書き込むように、とハナさんが言いました。決まった日の決まった時間にしなくてはならないことです。アミさんが書き終えると、今度は、日時は決まっていないけど、やらなくてはならないことを全部書き込むように、とハナさんが言いました。アミさんがしたいことは、最後に空いているところに書き込むのです。こうして1ヵ月のきちんとした計画を立てることができました。急な用事ができたら、どこか空いているところに書き込めばいいのです。

トレーニング 9

## やってみよう　for you to do!

●下のアミさんのカレンダーには、決まった時にしなくてはならないことがもう書き込まれています。日時が決まっていないことや、自分がやりたいことを、アミさんはどのようにカレンダーに書き込んでいけばいいでしょう？（カレンダーの下の項目から選びましょう）

### 9 月

| 日 | 月 | 火 | 水 | 木 | 金 | 土 |
|---|---|---|---|---|---|---|
| | 1 | 2<br>サッカーの練習<br>18：00〜20：00 | 3 | 4 | 5 | 6<br>サッカーの試合<br>12：00〜14：00 |
| 7<br>教会<br>8：00〜9：00 | 8<br>歯医者<br>16：00 | 9<br>サッカーの練習<br>18：00〜20：00 | 10 | 11 | 12<br>お母さんの誕生日会<br>19：00〜21：00 | 13<br>サッカーの試合<br>12：00〜14：00 |
| 14<br>教会<br>8：00〜9：00 | 15 | 16<br>サッカーの練習<br>18：00〜20：00 | 17 | 18 | 19 | 20<br>サッカーの試合<br>12：00〜14：00 |
| 21<br>教会<br>8：00〜9：00 | 22 | 23<br>サッカーの練習<br>18：00〜20：00 | 24<br>英語のスピーチ | 25<br>理科のテスト | 26 | 27<br>サッカーの試合<br>12：00〜14：00 |
| 28<br>教会<br>8：00〜9：00 | 29 | 30<br>サッカーの練習<br>18：00〜20：00 | | | | |

・部屋の掃除（週1回）

・犬の散歩（毎晩）

・テレビで好きな番組を見る（木曜 18：00〜19：00）

・理科のテスト勉強（9日〜24日までのあいだに週に2回ずつ）

・友だちと映画を見に行く（用事のない土曜日）

・スピーチの練習（9日〜21日までのあいだに週に2回ずつ）

43

## もっとやってみよう

more to do!

●今度はあなたの番です。下のカレンダー用紙をコピーして、月と日を書き込みましょう。それから、やらなくてはならないことを全部書き込んで、そのあとに、自分がしたいことを書き込みます。いつなにをしたらよいかが、見ただけでわかりますね。毎月、このやり方でカレンダーを使って計画を立てましょう。

〈日曜はじまり〉

| ＿＿＿＿＿月 | | | | | | |
|---|---|---|---|---|---|---|
| 日 | 月 | 火 | 水 | 木 | 金 | 土 |
| | | | | | | |
| | | | | | | |
| | | | | | | |
| | | | | | | |
| | | | | | | |

＊〈日曜はじまり〉と〈月曜はじまり〉の自分に合う方を使いましょう。

トレーニング 9

〈月曜はじまり〉

_____月

| 月 | 火 | 水 | 木 | 金 | 土 | 日 |
|---|---|---|---|---|---|---|
| | | | | | | |
| | | | | | | |
| | | | | | | |
| | | | | | | |
| | | | | | | |

【メモ】

45

# 1日の計画を立てよう

カレンダーは長期的な計画のために大切ですが、毎日することを忘れないためには、1日のスケジュール表が役に立ちます。手帳形式のものでも、電子手帳でも、コンピュータやスマホやタブレットのアプリを使ってもいいでしょう。自分にもっとも合うものを選んでいつも使うようにしましょう。

　中学2年生のユキコさんは、カウンセラーの先生に手伝ってもらって、実行機能を高める練習を何週間かしています。先生が毎週ユキコさんに課題を与えてくれます。毎日することを整理したり、長期的なゴールを決めたり、勉強や宿題をきちんとしたりする課題です。

　先生は、ユキコさんはもう自分で計画を立てられるようになったと考えて、1日のスケジュール表を使うことが大切だと教えてくれました。ユキコさんは、スケジュール表に、宿題、予約や約束、家の用事などを書き込む方法や、すんだものにチェックマークをつけるやり方を習いました。

　次の週、ユキコさんが書き込んだスケジュール表を先生が毎日チェックしてくれました。そして金曜日には、1週間のあいだずっと、書き込んだりきちんと作業をすることができたごほうびを先生からもらうことができました。何週間か練習を続けたユキコさんは、毎日のスケジュール表をすっかり使いこなせて、するべきことができるようになりました。

トレーニング⑩

## やってみよう

for you to do!

●下の基本的なスケジュール表を使って練習してみましょう。表の中に、明日起きてから寝るまでにしなくてはならないことを10個まで書き込んでください。優先順に、それぞれやる時間も書きましょう。明日、できたものから㋸の欄に✓をつけていきましょう。

| ㋸ | 作　業 | 時　間 |
|---|---|---|
| ✓ | （例）起床 | 6：00 |
| ☐ | | |
| ☐ | | |
| ☐ | | |
| ☐ | | |
| ☐ | | |
| ☐ | | |
| ☐ | | |
| ☐ | | |
| ☐ | | |
| ☐ | | |

47

## もっとやってみよう

more to do!

　スケジュール表はとても役に立ちますが、作業をやり遂げるためには必要なものがまだあります。たとえば、歴史の教科書とノートがなくては、歴史のテスト勉強はできませんよね。

　47ページに書いた作業のうちから1つ選んで、下の質問に答えましょう。次回は、必要なものを全部そろえられるようにしましょう。

●やるべきことはなんですか？

●いつまでにすませますか？

●この作業のために必要なものはなんですか？

●必要なものはどこにありますか？

●助けが必要なら、だれに頼めばいいですか？

# 気持ちは、どこからくるのだろう？

気持ちは感情的なエネルギーです。気持ちを適切にコントロールできることと、大人になることには大きな関係があります。実行機能を使う作業が苦手な10代は、なにか特定の状況で強い感情が起きたとき、それをうまくコントロールする能力がまだ発達していません。自分の気持ちがどこからくるのかを知ることが、感情コントロールへの大きな第一歩となります。

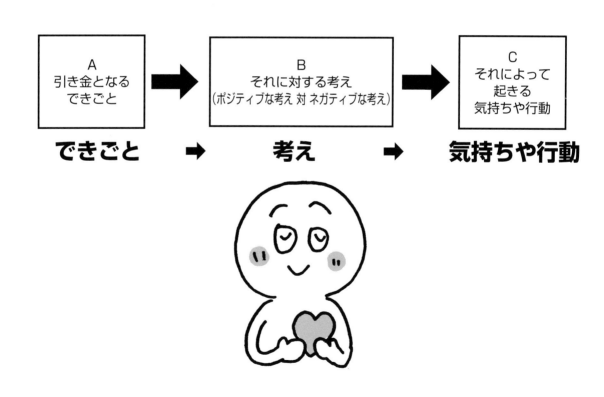

私たちの気持ちや行動は、私たちがそれについてどう考えるかによって変わります。あるできごとについてネガティブな（非合理的な）考え方をすると、ネガティブな気持ちや行動がアウトプットされるのです。逆に、できごとについてポジティブな（合理的な）考え方を持てば、ポジティブな気持ちや行動がアウトプットされます。

　私たちの心は、「すべき」「きっと」「必ず」などの絶対的な言葉による一連のルールに従って働くことがよくあります。このルールは他人の行動について使われることがよくあります。私たちは、他者について、ああすべきだとか、こうすべきだとかと考えることに慣れてしまっているかもしれませんが、実は、他人をコントロールすることなどできないのです。でも自分の考え方や、できごとについての考えは、変えることができます。

　たとえば、ある少年に悪口を言われたとしましょう。もしあなたの心のプログラムを一連の「すべき」が占めていたら、悪口を言われたことをまったく不公平だと考えるでしょう。「人の悪口を言うべきではない」と自分に言い聞かせることで、あなたは、ルールを破った少年への怒りの気持ちを作り出しているのです。それに少年に言われたことが事実だと思い、自分自身に対する悪い感情も作り出してしまうかもしれません。

　「すべき」にとらわれ続けると、問題が起きたときにネガティブで不適切な行動を選ぶようになってしまい、これがサイクルになり、なかなか抜け出せなくなります。

　でも、練習によって問題への反応の仕方を変えていくことができます。まずは、「自分には他人をコントロールすることなどできない」ことに気づくことが、最初の一歩です。

　次のステップは、その人に言われたことに抵抗することです。言われたことが事実になるわけではないのです。ですから、「彼は、ぼくの悪口を言うべきではない」と思う代わりに、こう考えたらどうでしょう。

　「ぼくは悪口を言われるのは嫌だ。でも他人をコントロールすることはできないし、それに彼が言っていることは事実ではない」

　このように考え方を変えれば、自分の気持ちが、怒りや自己嫌悪から、さほど破壊的でないイライラ程度の気持ちに変わるでしょう。そして、ネガティブな行動を取ることもなくなって、悪いサイクルを断ち切ることができるようになります。

## やってみよう

for you to do!

●下の表を1行ずつ読んでいきましょう。左の欄のできごとが自分に起きたときに、中央の欄のように（ネガティブに）考えたら、あなたはいったいどんな行動をすると思いますか？　どんな気持ちになるでしょう？　考えて一番右の欄に書きましょう。例を参考にしてください。

| できごと | ネガティブな考え方 | 気持ちや行動 |
|---|---|---|
| 悪口を言われた | 悪口を言うべきではない | （例）悪口を言った人をたたく |
| 親に怒鳴られた | ひどいよ。<br>怒鳴るべきではない | |
| 彼氏や彼女にふられた | きっとだれにも<br>愛してもらえない | |
| 牛乳をこぼした | 自分は絶対ぶきっちょだ | |
| テストで赤点を取った | もっといい成績を<br>取るべきだった | |

トレーニング⑪

| できごと | ポジティブな考え方 | 気持ちや行動 |
|---|---|---|
| 悪口を言われた | 悪口を言う子の方が<br>おかしいんだ | |
| 親に怒鳴られた | ときどき親を<br>いらつかせてしまうんだ | |
| 彼氏や彼女にふられた | それでも愛してくれる人は<br>いるよ | |
| 牛乳をこぼした | あー残念！ | |
| テストで赤点を取った | 今度のテストは<br>もっと勉強するぞ | |

●できごとについてポジティブな考え方をしたときの自分の反応について考えてみましょう。想像した気持ちや行動はポジティブなものでしたか？　ネガティブではありませんでしたか？

53

## もっとやってみよう

more to do!

●先週どんな気持ちになったか思い出して全部書いてみましょう。リストにしたら、なぜそんな気持ちになったのか、それぞれの状況を書いてみましょう。

| 気持ち | 状　況 |
|---|---|
| 1 | |
| 2 | |
| 3 | |
| 4 | |
| 5 | |

●それぞれの状況で、どんなことを考えたかを書いてみましょう。

| |
|---|
| 1 |
| 2 |
| 3 |
| 4 |
| 5 |

トレーニング 11

●あなたの考え方の中に「絶対」的な考え（「こうすべき」「ああすべき」）はありませんでしたか？　あれば書き出しましょう。

●「絶対」的な考えを1つ選んで、それをもっと優しくて寛大な言葉に置き換えてみましょう。

●そうすることによって、その状況に対する気持ちが変わりましたか？

●ほかの「絶対」的な考え方も優しくて寛大な言葉に置き換える練習をしましょう。将来また同じ状況になったとき、あなたの気持ちはどう変わるでしょう？

55

# 自分の気持ちを理解しよう

気持ちは感情的なエネルギーです。何かを変えたり続けたりすべきだと、感情があなたに知らせてくれるのです。感情自体はよいものでも悪いものでもありませんが、そのエネルギーの向かう先によってよくも悪くもなり得るのです。気持ちをコントロールするためには、自分の気持ちを深く理解することが必要です。

　ユウサクさんは中学2年生です。ある日、英語の授業中に先生の言うことを聞かずに騒いだ生徒たちがいたため、授業のあと生徒全員が教室に残されてしまいました。そのおかげでユウサクさんは次の数学の授業に遅刻しそうです。急ぎ足で数学の教室へ向かっているとき、同学年のゲンタさんがぶつかってきて、ユウサクさんの教科書とプリントが廊下に散乱してしまいました。でもゲンタさんはあやまりもしないし、ぶつかってきたことすら認めません。そのまま通り過ぎようとするゲンタさんに向かって、ユウサクさんは叫びました。
「バカやろう！　止まって本を拾えよ！」
　ゲンタさんは気にもかけずに歩いて行ってしまいました。ユウサクさんが教科書とプリントを全部拾い終わった時には、数学の授業がもう始まっていました。2分の遅刻です。
　ユウサクさんが教室に入ると先生が「遅刻ですよ」と言いました。
「でも、廊下でだれかにぶつかられて、本が床に散らばったので遅れたのです」
「言い訳は聞きませんよ」先生は出席簿にチェックをつけました。
　ユウサクさんは腹が立って、数学の授業が耳に入りません。授業が終わって食堂に向かいながら、自分のせいでもないのに不公平だと、むしゃくしゃしています。食堂に行くとゲンタさんが列に並んでいました。友だちと冗談を言って笑っています。ユウサクさんは近づいて行って、ゲンタさんを力いっぱい突き飛ばしました。
「なんなんだよ、バカやろう！」とゲンタさんが飛び上がって言いました。
「お前がバカだからだよ！」
　2人はこづき合いをはじめました。先生がけんかを止めて、2人は職員室へ連れていかれました。校長先生に叱られます。

トレーニング **12**

## やってみよう

for you to do!

●ユウサクさんに起きたことを最初から終わりまで考えて、ユウサクさんがどんな気持ちになったか、下から選んで○をつけましょう。

| | | | |
|---|---|---|---|
| うれしい | 挫折感 | 当惑 | 劣等感 |
| 悲しい | 怖い | いらいら | 喜び |
| 怒り | 心配 | 不安 | 拒絶感 |
| 落胆 | 興奮 | 恥ずかしい | |

●いくつ○をつけましたか？

...................................................................................................

●一度に２つ以上の気持ちになることは可能だと思いますか？　なぜそう思うのでしょう？

...................................................................................................

...................................................................................................

...................................................................................................

●ユウサクさんの行動の「引き金」になったのは、どのできごとだったと思いますか？

...................................................................................................

...................................................................................................

...................................................................................................

...................................................................................................

●ユウサクさんに起きたこと、一つひとつについて、そのできごとの前、最中、後にどんな気持ちになったかを想像してみましょう。

| できごと | 前 | 最中 | 後 |
|---|---|---|---|
|  |  |  |  |
|  |  |  |  |
|  |  |  |  |
|  |  |  |  |

●それぞれのできごとについて、ユウサクさんがこうすればよかったと思うことを、1つか2つ書いてみましょう。

トレーニング 12

## もっとやってみよう ......... more to do!

●下の四角の中に、色鉛筆やマーカーで、最近あなたが感じた気持ちを全部書き出してみましょう。その気持ちをもっともよく表す色や大きさや形で書いてみましょう。

　それぞれの気持ちの横に、その気持ちがあなたになにを伝えようとしていたと思うかを書いてください。たとえば、「当惑した」という気持ちは、困ったときにだれかに助けてもらいたい、というメッセージだったのかもしれません。「うれしかった」なら、その時のあなたの人生になにかよいことが起きていたということかもしれません。

　次に、メッセージの中で、変えなくてはならないことを示していると思うものを〇で囲んでください。どうすれば変えられるかを考えましょう。自分だけで変えられなければだれかに助けてもらいましょう。

59

# ネガティブな気持ちに対処しよう

　どれほど努力しても、何度も前向きな気持ちに置き換える練習をしても、ネガティブな気持ちを止めることがほぼ不可能だと思うことがあるでしょう。家の用事をしてないと親に叱られたり、宿題を締め切りまでに出すように先生にくり返し言われたりしたときに、そうしたネガティブな気持ちが起きるかもしれません。私たちはだれでも、ネガティブな感情を持つものです。そんな時どうすればよいかを知っておきましょう。

　スポーツ選手が大事な試合前に勝利するところを想像すると、勝つ確率が高くなるという調査があります。すでにポジティブな結果が目に見えるからです。

　イメージトレーニングというのは、こうなってほしいと思うことが起きるように、精神の力を使うことです。これはどんな状況でも使えますよ。

　たとえば、よい成績が取りたかったら、宿題をする前にちゃんと宿題ができたところを想像しましょう。もちろん想像するだけでなく実際に勉強しなくてはなりませんが、きっとやる気が出ますよ。また、イメージトレーニングすることで、自分や自分の置かれている状況についてもっと前向きな気持ちになれます。

トレーニング 13

## やってみよう　for you to do!

● 2週間のあいだに感じた、ネガティブな気持ちを全部選んで〇で囲みましょう。

| | | | |
|---|---|---|---|
| 恥ずかしかった | 威張り散らされた | だれにも好かれない | 尊敬されていない |
| プレッシャーを感じた | 自分のせいにされた | 当惑した | 孤立感を覚えた |
| 批判された | バカにされた | 混乱した | 怖かった |
| 非難された | がっかりした | 恐怖感を覚えた | からかわれた |
| 無視された | 脅された | 無能さを感じた | 拒否された |
| 信頼してもらえなかった | | | |

● 〇をつけた気持ちの中から1つ選んで、そのときの状況を書いてみましょう。

..................................................................................................

..................................................................................................

..................................................................................................

..................................................................................................

● そのとき、ほかのどんな方法をとっていれば、もっとよい結果になったと思いますか？

..................................................................................................

..................................................................................................

..................................................................................................

..................................................................................................

●実際にちがう方法をとったとしたら、どんな状況になっていたと思うか、説明してみましょう。

●状況を書き換えたら何度か読み直して、目を閉じて頭の中でその状況を思い浮かべてみましょう。ああすればよかったと思ったことを実際にしているところを、できるだけ鮮明にくわしく想像してみるのです。
　実際の状況と、今想像した状況を比べて、あなたの気持ちはどうちがいますか？なぜそんなちがいがあったのでしょうか？

# トレーニング 13

## もっとやってみよう　more to do!

●私たちはネガティブな気持ちになると、体が緊張します。ネガティブな気持ちが起こした体の緊張を解きほぐすために、次の一連のリラックス運動をしてみましょう。気持ちの休まる音楽を聞きながら行なうと、もっと効果があるでしょう。

**レッスン1**　居心地のよいところに座るか、横になりましょう。洋服がきつければゆるめてください。目をつぶって、ただ体の力を抜いて、考えやストレスをすべて解き放ちましょう。

**レッスン2**　深く息を吸って、息をちょっと止めたら、吐き出しましょう。2度くり返します。深呼吸するたびに体がよりリラックスするのを感じましょう。

**レッスン3**　足に力を入れましょう。ふくらはぎ、足首、足、そして足の指に力を入れていきます。膝（ひざ）より下の筋肉を緊張させるときは、足の指を開くようなつもりでやってください。筋肉を緊張させたまま深く息を吸って、ちょっと息を止めます。息を吐きながら膝下の筋肉の緊張をすべてゆるめましょう。くり返しましょう。

> **レッスン４** 次に、ふとももとお尻に力を入れましょう。息を深く吸いながら緊張を保ち、息をちょっと止めます。息を吐きながら、ふとももとお尻の緊張をすべてゆるめましょう。くり返しましょう。

> **レッスン５** 今度は、お腹と胸に力を入れましょう。息を深く吸いながら緊張を保ち、息をちょっと止めます。息を吐きながら、お腹と胸の緊張をすべてゆるめましょう。くり返しましょう。

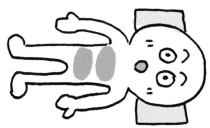

> **レッスン６** 次に、手を強く握って、肩、腕、手首、指の筋肉に力を入れます。息を深く吸いながら緊張を保ち、息をちょっと止めます。息を吐きながら、肩、腕、手首、指の緊張をすべてゆるめましょう。くり返しましょう。

**レッスン7** 首と頭と顔に力を入れましょう。息を深く吸いながら緊張を保ち、息をちょっと止めます。息を吐きながら、首と頭と顔の緊張をすべてゆるめましょう。くり返しましょう。

**レッスン8** 体のどこかに緊張が残っていないか、ゆっくり全体を調べましょう。どこかが緊張していれば、そこに気持ちを集中させて緊張感を体の外へ出しましょう。3回深呼吸をして、緊張を体から出します。

**アドバイス**

　さあ、起き上がってみましょう。すっかりリラックスしているはずですよ。ストレスもなくて充実した気分です。このまま眠ってもいいし、リラックスして安心した気分で残りの1日を過ごしてもよいでしょう。
　ネガティブな気持ちになったら、いつもこのリラックス法をやってみるといいでしょう。ネガティブな気持ちになっても、すぐにはリラックスできないのなら、毎晩寝る前にやってみましょう。しばらく続けると、ネガティブな気持ちがあまり起きなくなっていることに気づくでしょう。

# 衝動ってなんだろう？

　衝動とは、とっさに体を動かしたり、なにかをしようとすることです。結果を考えずに衝動に身を任せる人は、よく「衝動的」だと言われます。もしあなたが衝動的な人なら、さきに行動を起こして、あとからそれがよかったかどうかを考えていませんか？　自分の衝動的な行動で、親や学校と問題が起きることがよくあります。

　小学6年生のアキラさんはしょっちゅう大人の話に割り込みます。思いついたらすぐ言わないと忘れてしまうと言うのです。学校でも授業中に手を挙げずに答えを言ってしまいます。先生がまだ話し終わってもいないうちにアキラさんは答えてしまうのです。同じように、宿題の問題を最後まで読まないではじめてしまうことがあるので、ときどきまちがったやり方をして、悪い成績を取ることもあります。

　わかりきったまちがいをして、親や先生に叱られたことも何度もありました。たとえば、親に言わずに放課後、友だちの家に遊びに行ったり、授業中にほかの生徒の答えを写したり、といった具合です。

　あるとき、お店で気に入ったブレスレットをお金を払わずに持ってきてしまったことがありました。アキラさんがこんな衝動的なことをするので、友だちは問題に巻き込まれるのを恐れて、アキラさんを避けるようになりました。

トレーニング 14

## やってみよう　for you to do!

●下のイラストを自分だと思ってください。衝動的になにかをしたくなったり、動かしたくなったりする体の部分に✕をつけましょう。

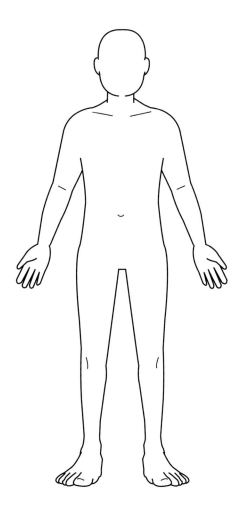

●あなたはどんな衝動的なこと（結果を考えずに行なうこと）をしますか？

## もっとやってみよう

more to do!

　衝動的な人が、衝動的な行動をやめるのは、それほど簡単なことではありません。身についた習慣を変えるのには時間がかかるのです。でも「STOP 立ち止まり方法」を覚えておけば、よりよい選択ができるようになります。立ち止まって、考えて、観察して、計画を立てるのです。

**Ｓtop**（ストップ）　：今していることをやめて立ち止まりましょう。

**Ｔhink**（シンク）　：なぜそんなことをしたかを考えましょう。

**Ｏbserve**（オブザーブ）：今の自分の行動が周りの人にどんな影響を与えているかを観察しましょう。

**Ｐlan**（プラン）　：この次は、行動をどのように変えたらよいか計画を立てましょう。

●今していることをやめて立ち止まり、なぜそんなことをしているのかを考え、自分の行動が周りの人にどんな影響を与えているかを観察し、この次は、行動をどのように変えたらよいか計画を立てましょう。

　67 ページのような衝動的な行動の 1 つを、あなたがたった今したところだと想像してみましょう。そして「STOP 立ち止まり方法」の質問に答えて、もっとよい行動を考えましょう。よい行動をすれば、困った結果を招くことなく、今あなたのしたいことが少しはできるかもしれませんし、しばらく後になってできるようになるかもしれません。

**トレーニング 14**

**Stop** 今していることをやめて立ち止まりましょう。

●今どんな衝動的な行動をしましたか？

..................................................................................................

..................................................................................................

**Think** なぜそんなことをしたかを考えましょう。

●なぜそんな行動を取ったのでしょう？（下からあてはまるもの全部に✔をつけましょう）

☐ 大人を避けるため　　☐ 大人の注意を引くため　　☐ なにかを得るため

☐ 友だちを避けるため　☐ 友だちの注意を引くため　☐ 理由はわからない

☐ しなくてはならないことをやりたくないから

**Observe** 今の自分の行動が周りの人にどんな影響を与えているかを観察しましょう。

●周囲にどんな影響を与えましたか？

..................................................................................................

..................................................................................................

**Plan** この次は、行動をどのように変えたらよいか計画を立てましょう。

●この次は自分のほしいものを得るために、どのように行動を変えればよいと思うか、書いてみましょう。

..................................................................................................

..................................................................................................

..................................................................................................

..................................................................................................

# 行動する前に考えよう

　ある状況で行動したことや、行動しなかったことによってもたらされる結果には、よいものも悪いものもあります。しかし、衝動的な行動をとる10代の人は、自分の行動によって悪い結果ばかりを招くことが多いのです。

　実行機能が弱いと、自分の行動がどんな結果をもたらすかを、事前に考えられない場合があります。まるで、自分にとって悪い結果になるかもしれないとわかっていても、自分の行動が止められないかのようです。行動の結果を予測することは、身につけるべき大切な力です。なにをするかを決める前に、急いで結果について考える練習をすれば、自分にとってよい決断がもっと上手にできるようになるでしょう。

トレーニング 15

## やってみよう  for you to do!

　よい判断をするということは、ズバリ、実際になにかをする前にどんな結果になる
かを考えてみるということです。

●いくつかの行動の例を下に挙げました。それぞれの行動について、起こりそうなよ
い結果と悪い結果を1つずつ考えて線の上に書きましょう。悪いと思われる行動のよ
い結果や、よさそうな行動の悪い結果を考えるのは難しいかもしれませんが、よく考
えれば見つかるかもしれませんよ。たとえば、コンサートのチケットが当たったら、
よい結果は、ただで夜お出かけができるということでしょう。でも好きな番組を見損
なうという悪い結果があるかもしれません。

**行動**：**宝くじを買った**

よい結果：.................................................................................................................

悪い結果：.................................................................................................................

**行動**：**朝食にドーナツを食べた**

よい結果：.................................................................................................................

悪い結果：.................................................................................................................

**行動**：**家の手伝いをした**

よい結果：.................................................................................................................

悪い結果：.................................................................................................................

71

**行動** ：宿題をすませなかった

よい結果：

悪い結果：

**行動** ：友だちと電話で話した

よい結果：

悪い結果：

**行動** ：授業中になにか叫んだ

よい結果：

悪い結果：

**行動** ：親に口答えした

よい結果：

悪い結果：

**行動** ：人の会話に割り込んだ

よい結果：

悪い結果：

トレーニング 15

## もっとやってみよう

more to do!

　私たちの行動は、結果がすぐには表れないこともあります。決断の結果が、何日も何カ月も、ときには何年も待たなくてはわからないこともあるでしょう。結果がすぐ出ないのに、よい決断をするのは難しいかもしれません。たとえば、喫煙による健康の害が現れるのには何年もかかります。すぐに悪い結果が出るわけではないので、タバコを吸ってもいいじゃないかと考える人もいるでしょう。

●次のような決断をしたとき、すぐ起きる結果と、長期の結果にはどんなものがあるか考えてみましょう。

**行動**：ジャンクフードを食べる

すぐ起きる結果：

長期の結果：

**行動**：酒を飲む

すぐ起きる結果：

長期の結果：

**行動**：運動をする

すぐ起きる結果：

長期の結果：

**行動**：宿題をやり終える

すぐ起きる結果：

長期の結果：

●次に、あなたが最近決めたことで長期的な結果がありそうなものをいくつか選んで、同じように書いてみましょう。

**あなたが決めたこと** :

すぐ起きる結果：

長期の結果：

**あなたが決めたこと** :

すぐ起きる結果：

長期の結果：

**あなたが決めたこと** :

すぐ起きる結果：

長期の結果：

**あなたが決めたこと** :

すぐ起きる結果：

長期の結果：

**あなたが決めたこと** :

すぐ起きる結果：

長期の結果：

トレーニング 15

**あなたが決めたこと** :

すぐ起きる結果：

長期の結果：

**あなたが決めたこと** :

すぐ起きる結果：

長期の結果：

**あなたが決めたこと** :

すぐ起きる結果：

長期の結果：

# 友だちからの悪い誘いに負けない

友だちから悪い誘いを受けることは、10代ならよく起こる問題の1つです。でも実行機能の行動制御が不得意な人にとっては、特に危険かもしれません。行動の制御ができない人は、自分にとってよくないことであっても、友だちに言われた通りにしてしまうことがよくあるのです。

　　高校1年生のミツヒコさんは週末にたくさんの友だちと遊ぶのが楽しみです。ある土曜日のこと、友だちから、タバコを吸うように勧められました。ミツヒコさんは「ガキだな」と言われたくなくて、タバコを受け取ってしまいました。

　　ミワさんとジュンさんは高校2年生。洋服屋で一緒に買いものをしています。ジュンさんがミワさんに、「こっそり試着室でジーンズをスウェットパンツの下に履いて隠しちゃえ」と言いました。ミワさんが「嫌だ」と言うと、ジュンさんは「みんなときどきやってるよ。だれの迷惑にもならないし」と言いました。

　　中学2年生のリュウさんはゴロウさんに宿題を写させてと頼みました。「そんなことしない方がいいよ」とゴロウさんが言っても、リュウさんはしつこく「だれにもわからないよ」とプレッシャーをかけます。

# トレーニング 16

## やってみよう  for you to do!

● 下の絵は、悪い誘いを受けているシーンです。それぞれの絵の下に、悪い誘いを受けている人は、どう言って断ればよいかを書きましょう。

①

②

③

④

## もっとやってみよう

more to do!

●自分がしたくないことをするように友だちに言われたことはありませんか？　よくないとわかっていることを、勧められたときのことを考えて、下の表に書き込んでみましょう。それぞれについて、どんな理由で断ったらよいかも書きましょう。

| 友だちにするように言われたこと | 断り方 |
|---|---|
| （例）宿題をしないでゲームをしようよ | やりたいけど、親にもう家に帰るように言われてるんだ |
| | |
| | |
| | |
| | |
| | |

トレーニング **16**

| 友だちにするように言われたこと | 断り方 |
|---|---|
| | |
| | |
| | |
| | |

**アドバイス**

77 ページの絵のような圧力を友だちにかけられたことがない人も、自分の気持ちを傷つけずに友だちにていねいに断る方法を覚えておくのは、よいことですね。

# 柔軟に考えよう

柔軟に考えることはとても大切なスキルです。柔軟な考えができる人は、予定外のことでもうまく対応できるからです。実行機能に弱いところのある10代は、柔軟に考えるのが苦手なことが多いのです。

　昔アメリカで流行ったおもちゃに、ストレッチ・アームストロングという伸びるゴム人形がありました。30センチくらいの紺色のパンツを履いた裸の人形で、ひっぱたり、曲げたり、いろいろな形にすることができるものでした。腕や足も結べて、子どもたちに人気がありました。

　このように、曲げたり、形を変えたり、伸ばしたり、形作ったりできることを柔軟性があるといいます。体の柔軟性は、幅広い動きをするスポーツ選手にとって重要です。よく運動をする人は、筋肉を傷めないように、ストレッチをしてウォームアップします。

　柔軟さが必要なのは体だけではありません。感情的な柔軟性や精神的な柔軟性も必要です。感情や精神があまり柔軟でないと、1つの作業から次の作業へ移るのが苦手で、予定の変更にもうまく対処できません。

　体の柔軟性を高めることができるように、感情面や精神面での柔軟性も、練習によって高めることができるのです。

# トレーニング 17

## やってみよう  for you to do!

● 次の練習を１つずつやってみましょう。みどり、きいろ、オレンジ、あお、あか、むらさき色の色鉛筆かマーカーかクレヨンを用意してください。

1．次の図形を、図形の下に書かれた色に塗りましょう。

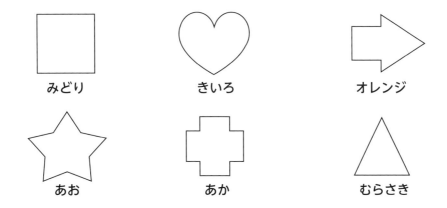

2．次の言葉には、色を塗りません。

3．次の言葉を、その意味とはちがう色で塗りましょう。
　　たとえば、「みどり」という文字はみどり以外の色で塗ります。

## もっとやってみよう

...... more to do!

● 秒針のある腕時計やスマートフォンのストップウォッチ機能を使って、81 ページの１番の練習で図形に塗った色を全部、声に出して読んで、かかった時間を計りましょう。

| 秒 |

● 次に、２番の練習（色を塗らなかったもの）の言葉を全部読んで、かかった時間を記録しましょう。

| 秒 |

● 最後に、３番の練習で言葉に塗った色を全部言ってみて時間を計りましょう。
言葉の示す色ではなくて、言葉に塗った色を言います。

| 秒 |

● ３番の色の名前を言う練習を１分間してから、また時間を計ってみましょう。

| 秒 |

● 時間は減りましたか？ （答えを〇で囲みましょう）

| はい　　　　　いいえ |

トレーニング 17

●なぜだと思いますか？

●この柔軟に考える練習でどんなことがわかりましたか？

# 状況に合わせて即興でやってみよう

トレーニング 18

　実行機能を必要とする作業が苦手な10代は、そうでない10代より、精神的な柔軟性がないようです。精神的な柔軟性を高めるのに役立つのは、即興の練習です。即興とは、そこにある道具や材料を使ってクリエイティブに問題を解決することで、必ずしもベストな解決法でなくてもよいのです。即興には想像力が必要ですが、想像する力も強力な道具になります。

　俳優は、その時自分の置かれている状況にあった物語を即興で作ることがあります。演技力を高めるために、こうした即興の勉強をすることがあります。子どもを寝かしつけるとき、親がお話を作りながら聞かせるのも即興です。

　「その場で」問題を解決するのは、ちょっとした即興と言えます。即興や工夫をするということは、なにか新しい使い方を見つける、いつもとちがう方法で使ってみるということで、たとえば、台所の上の棚のものをいすやはしごに乗って取る代わりに、長いトングで取るというようなことです。

トレーニング **18**

## やってみよう
for you to do!

●次のもののクリエイティブな使い方（いつもの使い方ではない使い方）をできるだけたくさん書いてみましょう。例を参考にしてください。

**安全ピン**

普通の使い方：布と布をとめる

クリエイティブな使い方：紙と紙をとめる／イヤリングにする／トゲを抜く／封筒を開ける

**フォーク**

普通の使い方：食べるのに使う

クリエイティブな使い方：

**枕**

普通の使い方：頭を乗せて休む

クリエイティブな使い方：

**ハンマー**

普通の使い方：釘を木に打ち付ける

クリエイティブな使い方：

**歯ブラシ**

普通の使い方：歯を磨く

クリエイティブな使い方：

**ばんそうこう**

普通の使い方：傷を覆う

クリエイティブな使い方：

85

## もっとやってみよう

more to do!

●人生では、思いがけないことが起こるものです。そんなとき、「流れに沿っていく」心構えがあれば助かりますよ。次のような場合、どのようにすればよいか書いてみましょう。例を参考にしてください。

**状況** 誕生会に6人分のごちそうを用意していたら、10人も友だちが来てしまった。

（例）みんなに行きわたるように、大急ぎでなにか作れないかな？

**状況** 数学の授業で抜き打ちテストがあったけど、まったく準備していなかった。

**状況** ペットの犬にエサをやろうとしているとき、ふたが取れてエサが床中に散らばってしまった。もうすぐお母さんが帰ってくる。

**状況** 部屋の掃除をしていたら、友だちからチャットで映画を見に行こうと誘われた。行きたいけど、部屋をきれいに片づけないと、親に叱られて外出を禁止されてしまう。

**状況** 30分以内に新しいアルバイト先へ行かなくてはならないけど、着ていく服が汚れている。

**状況** コンピュータを使って歴史の宿題をしていたら、停電になった。しかも、ここまでやったところは保存していない。

# ものの見方を変えてみよう

視点とは、あなたが世界をどう見ているかということです。楽天的な視点の人は「コップに水が半分も入っている」と思います。「コップは半分からっぽだ」という悲観的な視点を持つ人もいます。視点はだれでも変えることが可能です。

　高校3年生のダイスケさんはいつも不機嫌です。「友だちが自分と遊びたがるのは、自分が車の運転ができるからだ」「きっと先生たちにも嫌われている」「親も自分の人生をできるだけ惨めにしようとしているにちがいない」こんなことを考えているので、ダイスケさんはいつも腹を立てています。友だちにもけんかを売ります。親とも毎日のように口論になります。ダイスケさんはうんざりして、みんなの嫌がらせをやめさせるにはどうすればいいかを、学校のカウンセラーに相談しに行きました。

　カウンセラーは、自分がコントロールできるのはただ1人、自分だけだと説明しました。ダイスケさんは悲観的で、みんなから最悪の扱いを受けていると思い込んでいます。それがダイスケさんの人への接し方に影響し、それがまた、人のダイスケさんへの接し方にも影響を与えていると説明しました。

　ダイスケさんはこんなカウンセラーの説明を、はじめは信じようとしませんでした。周囲の人が自分をどれほど惨めにしているかを、カウンセラーにわかってもらおうと時間をかけて一生懸命に説明しました。でも何度か会っているうちに、もしかしたらカウンセラーの言っていることが正しいのかもしれないと考えるようになりました。そしていつものネガティブな見方をやめて、前向きなことを見つける努力をしました。友だちの見方も変えました。

　すると、友だちはダイスケさんが運転できるから一緒にいたがっているのではないことがわかりました。みんなはダイスケさんといるのが楽しいのです。そして、ダイスケさんがみんなを車に乗せたいから、そうしていたのだとわかりました。家でも親とうまくいく努力をして、手伝いもするようになったら、口論がなくなりました。宿題をきちんと出すようになって先生も喜んでくれています。ダイスケさんが視点と行動を変えたことで、周囲の人のダイスケさんへの接し方が変わりました。ダイスケさんもずっとハッピーです。

＊高校によっては校則で学生の運転を禁じている学校もある。

トレーニング **19**

## やってみよう  for you to do!

　視点は、色メガネのようなもので、それをかけると世界に色がついて見えるのです。周囲の人やできごとを「ネガティブ」な色で見れば、自分もネガティブな人になってしまいます。

●次の状況を読んで、メガネの横にネガティブな見方を2つ書きましょう。そして、そんな見方をするとどんな気持ちなるか自分に尋ねてみましょう。ネガティブの強さを1（弱い）から5（強い）までで選んで〇で囲みましょう。

**状況1** 学校から帰ってきたら、お母さんにお皿を洗うように言われた。

・

・

どんな気持ち▷　　　　　　　　1　　2　　3　　4　　5

**状況2** クラスの前で発表する課題を先生に与えられた。

・

・

どんな気持ち▷　　　　　　　　1　　2　　3　　4　　5

**状況3** 歯医者に行ったら虫歯があると言われた。

・

・

どんな気持ち▷　　　　　　　　1　　2　　3　　4　　5

89

**状況4** 景気が悪いからといってアルバイトをクビになった。

どんな気持ち▷　　　　　　　　　1　2　3　4　5

## もっとやってみよう　more to do!

● 89ページのそれぞれの状況について、視点を変えてポジティブな見方をしてみましょう。そんなふうに見方を変えるとどんな気持ちになりますか？ ポジティブの強さを1（弱い）から5（強い）までで選んで○で囲みましょう。

**状況1** 学校から帰ってきたら、お母さんにお皿を洗うように言われた。

どんな気持ち▷　　　　　　　　　1　2　3　4　5

**状況2** クラスの前で発表する課題を先生に与えられた。

どんな気持ち▷　　　　　　　　　1　2　3　4　5

**状況3** 歯医者に行ったら虫歯があると言われた。

どんな気持ち▷　　　　　　　　1　　2　　3　　4　　5

**状況4** 景気が悪いからといってアルバイトをクビになった。

どんな気持ち▷　　　　　　　　1　　2　　3　　4　　5

**アドバイス**
　ここに書いた気持ちをネガティブな見方の練習と比べてみましょう。ポジティブな見方をしたら、同じ状況についてあまりネガティブに感じなくなったかもしれません。もしかしたら、ネガティブな気持ちがポジティブな気持ちに変わったかもしれませんね。

# 先のばしという問題

　先のばしというのは、やりたくないことを後回しにすることです。実行機能に弱いところのある10代が退屈な作業を与えられると、後回しにして、今はとりあえず楽しいことをしようとすることがよくあります。

　しかし、一時的に気をまぎらわしたとしても、先のばしにすることによって、しなくてはならない作業のストレスが増すばかりか、ベストを尽くしてきちんとやる時間がなくなってしまうのです。

　中学3年生のユウさんは、なかなか家の手伝いに取りかかったり、やり終えたりすることができません。そのため、しょっちゅう両親に「早くやりなさい」と言われます。でもユウさんはいつも、ほかにしたいことを見つけてしまうのです。

　ある日の家族会議で、なぜいつも先のばしにするのかとお父さんに聞かれました。ユウさんは、「手伝いや宿題は退屈だからやりたくないの」と答えました。両親はユウさんの話を聞いて、台所のタイマーを使って、宿題や手伝いをする時間を制限したらどうかと提案しました。タイマーが鳴ったら、その日の作業は終わりにします。そして、毎週タイマーの時間を1分ずつ減らしていきます。

　ユウさんは、はじめのうちはタイマーが鳴るまでに作業を終えることができませんでした。でも、タイマーをセットしても、すぐに取りかかれないことがよくあることに気づいたので、次の日にはタイマーをセットすると同時に作業をはじめてみました。こうしているうちに、ユウさんはタイマーが鳴るまでにいつも手伝いや宿題を終えられるようになりました。これまで時間をむだにしていたことに気づいたのです。手伝いや宿題をさっさとすませれば、もっとやりたいことをする時間が増えることにも気がつきました。

トレーニング **20**

## やってみよう    for you to do!

　先のばしをする 10 代の中には、作業をどうはじめたらよいかわからない人がいます。また、失敗することや、人にバカにされたり、できっこないと思われたりしないかと恐れて、先のばしにする人もいます。

●あなたが先のばしにするのはどんなことですか？　左欄にその内容を書いて、右欄になぜそれをしたくないのか、理由を書きましょう。

| やりたくない作業 | やりたくない理由 |
|---|---|
| （例）**食後の片づけ** | **どう片づけたらいいかわからない** |
|  |  |
|  |  |
|  |  |
|  |  |
|  |  |
|  |  |
|  |  |

93

## もっとやってみよう　more to do!

●先のばしが人生で問題になることがよくあります。下の額の中に、なにかを先のばしにしたときのことを絵にしてみましょう。それから下の質問に答えましょう。

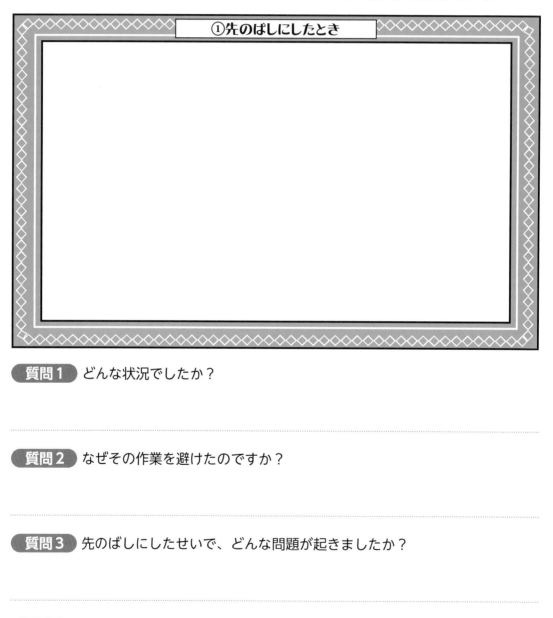
①先のばしにしたとき

**質問1** どんな状況でしたか？

**質問2** なぜその作業を避けたのですか？

**質問3** 先のばしにしたせいで、どんな問題が起きましたか？

**質問4** あなたはどんな気持ちになりましたか？

トレーニング 20

●次の額には、先のばしにしないでやったときのことを絵にしましょう。それから下の質問に答えましょう。

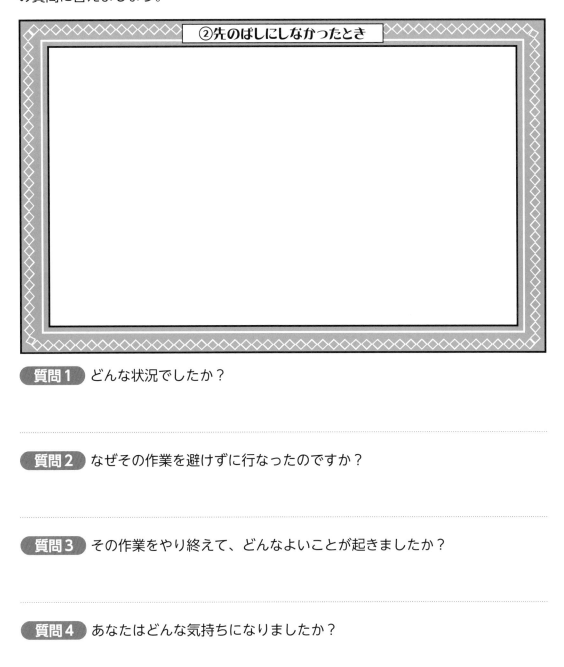

②先のばしにしなかったとき

**質問1** どんな状況でしたか？

**質問2** なぜその作業を避けずに行なったのですか？

**質問3** その作業をやり終えて、どんなよいことが起きましたか？

**質問4** あなたはどんな気持ちになりましたか？

95

**質問5** 先のばしにしたとき（①の絵）と、先のばしにしなかったとき（②の絵）では、どちらがよい気分だったかを選んで〇をつけましょう。

①の絵　　　　②の絵

**質問6** ①の絵のようなことをくり返さないために、②の絵の状況から学べることはなんでしょう？

**質問7** これから、①の絵のようなことが起きたとき、先のばししないためにどうすればよいでしょう？

トレーニング 20

【自由に絵を描いてみましょう】

# 課題をステップにわけよう

　手に負えなさそうな課題に取り組むのを、つい渋ってしまうのは、よくわかります。でも大変そうな仕事でも、「一口サイズ」に小さくわければ、ほとんどどんなことでもやりやすくなります。

　小学6年生のカヨコさんは学校の課題にぎりぎりまで取りかかろうとしません。そして大急ぎでやってしまおうとするのでうまくできません。

　ある日、理科の課題が出たとき、お母さんが手伝って、カヨコさんが圧倒されないように課題を小さなステップにわけることにしました。まず2人でカレンダーを見ながら相談して、提出日を書き込みました。それから、どういう順序で作業をしたらよいかを話し合いました。お母さんに手伝ってもらいながら、一つひとつのステップにかかる時間を見積もって、いつまでにすませるかを決めてカレンダーに書きました。それから各ステップをどのようにやればよいかの筋道も書きました。このように、各ステップのやり方とやり終える日をすべて書き終わると、課題がずいぶんやりやすくなったように感じます。いっぺんに課題をすませなくてはならないというストレスも、なくなりました。

　理科の課題には、以前大急ぎですませた課題よりもずっとよい成績が取れました。カヨコさんは達成できたことを誇りに感じています。そして、それからの学校の課題には、すべてこの方法を使うようになりました。

トレーニング 21

## やってみよう

for you to do!

理科の先生から3月1日に次の課題が出されました。

**好きな動物を1つ選びなさい。色ペンを使ってポスターを作り、その動物の界・門・綱・目・科・属・種を正しく書いたラベルをポスターに貼りなさい。ポスターの上に、その動物の「一般名」を書くのを忘れないこと。提出日は3月21日。**

●カヨコさんとお母さんは、この課題を次のようなステップにわけました。やる順番を考えて1～7まで数字で順序をつけましょう。それから、それぞれのステップをいつまでにするか、むりのない日を考えて決めましょう。時間のかかるステップもあることを忘れずに。

| 順番 | ステップ | 期　限 | |
|---|---|---|---|
| | 動物のラベルを作る | 月 | 日 |
| | 課題の提出日 | **3**月 | **21**日 |
| | リサーチをする | 月 | 日 |
| | ポスターに動物の絵を描く | 月 | 日 |
| | どの動物にするかを決める | 月 | 日 |
| | ポスターに色を塗る | 月 | 日 |
| | 動物の「一般名」を書き込む | 月 | 日 |

99

## もっとやってみよう

more to do!

　課題を細かくわけるためには、まずどんなステップがあるかを調べなくてはなりません。最初のステップを考えることがもっとも重要です。

●次の課題について、取りかかるための最初のステップを考えて書きましょう。それから、どのステップが最初だと思うかを友だちや親にも尋ねて、あなたの答えと比べてみましょう。あなたの答えと合っていますか？　1列目の例を参考にしましょう。

| 課　題 | 最初のステップ |
| --- | --- |
| （例）部屋にペンキを塗る | 部屋を何色にしたいかを決める |
| 部屋を片づける | |
| 数学の宿題をする | |
| 犬を洗う | |
| 本の感想文を書く | |
| 皿を洗う | |
| 歴史の課題をする | |

トレーニング 21

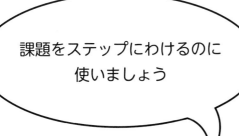

課題 _____

| 順　番 | ステップ | 期　限 |
|---|---|---|
|  |  |  |
|  |  |  |
|  |  |  |
|  |  |  |
|  |  |  |
|  |  |  |
|  |  |  |
|  |  |  |
|  |  |  |
|  |  |  |

# 必要な時は大人や友だちに助けてもらおう

　人生には、自分1人で対処できないような大変なことがときどき起こります。それは、実行機能の弱い人もそうでない人も同じです。なんでも1人でできて、だれの助けも必要としない人はいません。与えられた課題が大変すぎると思ったら、信頼できる大人や友だちに助けを求めましょう。信頼できる大人というのは、あなたのことをよく知っていて、あなたのためになるようにと考えてくれる人のことです。親、好きな先生やカウンセラー、友だちの親が信頼できる大人である場合もあるでしょう。

　中学1年生のハルヒコさんはいつも勉強で苦労しています。ときどき宿題がなにかよくわからないことがあるので、なかなか宿題に取りかかれなかったり、提出日までに終わらせたりできないのだと思っています。

　ハルヒコさんは家の手伝いをするのも苦手です。手伝いをするようにいつも親に急かされるのも気に入りません。

　ハルヒコさんは、学校のカウンセラーに相談することにしました。カウンセラーに、毎日の用事や宿題を助けてくれる人のリストを作ることを勧められて、ハルヒコさんは助けを頼める大人や友だちのリストを作ってみました。

　①数学の宿題を手伝ってくれるお母さん、②理科のノートを助けてくれる友だちのケンさん、③家の手伝いを助けてくれるおばあちゃん、④作文の校正をしてくれる幼なじみのアキコさんなどをリストに書きました。

トレーニング 22

## やってみよう　for you to do!

●下の手の絵の5本の指に、あなたが信頼している大人や友だちの名前を1人ずつ書きましょう。

　この「手助けの手」に書いた5人は、あなたがしなくてはならない作業を手伝ってくれる人たちです。次のページに、それぞれの人が助けてくれる分野を全部書きましょう。「トレーニング20：先のばしという問題」（93ページ）でリストにした、あなたがよく先のばしにする作業も書きましょう。

### 手助けの手

信頼できる大人や友だちの名前：

その人に助けてもらえる分野や作業：

信頼できる大人や友だちの名前：

その人に助けてもらえる分野や作業：

信頼できる大人や友だちの名前：

その人に助けてもらえる分野や作業：

信頼できる大人や友だちの名前：

その人に助けてもらえる分野や作業：

信頼できる大人や友だちの名前：

その人に助けてもらえる分野や作業：

トレーニング **22**

## もっとやってみよう

**……… more to do!**

●来月までに助けてもらいたいと思うことを3つ書きましょう。

1

2

3

　手助けを頼む前に、次のことをしておくのが助けを求める最善の方法です。

**1．助けを求める前に、自分にできることはすべてしておこう。**

　　まず自分で努力してから、助けを求めましょう。

**2．助けが必要なことを認めよう。**

　　なんでもかんでも自分1人でできることが求められているわけではありません。
　　助けてもらってもいいということを、忘れないでください。

**3．ズバリ、どの部分に助けが必要なのか決めよう。**

　　自分でできるところはやっておいて、できないところを助けてもらいましょう。

**4．適切な人を見つけよう。**

　　犬を洗うのを学校の先生に手伝ってもらうなんてことは、ありませんよね。助け
　　の必要なことにもっとも適した人を探すことが大切です。

**アドバイス**

　勇気を振り絞って助けを求めるのは簡単ではないかもしれません。でも丁寧に頼めばたいてい
の人は喜んで助けてくれるでしょう。なにかを頼んだり、アドバイスを求めたりするときは礼儀
正しくしましょう。相手の話をしっかり聞いて指示に従えば、相手もあなたを助けやすくなり、
これからも助けてあげようと思ってくれるでしょう。
　そこから、その人がどのように助けてくれているかを観察したり、教えてくれたことをしっか
り覚えておきましょう。次に同じ作業をするときは、1人でできるようになりますよ。

# デジタル機器とのつきあい方

　デジタル環境で生まれ育った10代は、テレビ、コンピュータ、スマホといった電子機器と毎日接しています。これらの機器はいやおうなしに多くの情報を私たちに発信してきますが、集中力のない10代にとっては、さらに集中力を失わせる原因となるものです。

　高校2年生のシロウさんは、毎日何時間も、友だちとチャットをしています。学校のこと、先生のこと、テレビでなにを見ているか、夕食になにを食べたかなどについてチャットしています。夜の予定を親に伝えるのもチャットだし、宿題について先生に質問するのもチャットです。ほとんどのことについてチャットを使っているのです。

　シロウさんはタブレット端末も持っていて、いろいろなことに使っています。ゲームをしたり、映画を見たり、友だちにメッセージを送ったり。

　それに加えて、テレビを見ながら宿題をすることもしょっちゅうです。勉強に集中できるようにテレビを消しなさいとお母さんに言われても、無視してしまうのです。

　みなさんもこうした電子機器を使いこなしているでしょう。しかし、意識を分散させると、重要なことに集中できなくなるということに気がつかないかもしれません。「1つのことに集中」することを覚えれば、するべきことを上手にこなす技術がアップします。テクノロジーはすばらしいものですが、行き過ぎないように適度に使うようにしなければなりません。

トレーニング23

## やってみよう　for you to do!

●次の電子機器のリストのうち、あなたが持っていたり、いつでも使えるものに✓を
つけましょう。リストにないものがあれば、加えましょう。それぞれを毎日どのくら
い使っているか、1週間記録しましょう。

| 電子機器名 | 持っている（使える） | 1日の使用時間 | | | | | | |
|---|---|---|---|---|---|---|---|---|
| | | 月 | 火 | 水 | 木 | 金 | 土 | 日 |
| 携帯電話、スマートフォン | | | | | | | | |
| MP3 プレーヤー（iPod など） | | | | | | | | |
| タブレット端末 (iPad、ギャラクシー、キンドルなど) | | | | | | | | |
| デスクトップ・パソコン | | | | | | | | |
| ノートパソコン | | | | | | | | |
| テレビ | | | | | | | | |
| DVD ／ブルーレイプレーヤー | | | | | | | | |
| ゲーム機 | | | | | | | | |
| | | | | | | | | |
| | | | | | | | | |
| | | | | | | | | |
| | | | | | | | | |

107

●あなたがこうした電子機器を使い過ぎていると心配している人が、周囲にいませんか？　それはだれですか？

●電子機器は、重要な作業に集中するのをどのように妨げるでしょう？（たとえば、家の用事や宿題をしなくてはならないときに、友だちとチャットしていませんか？）

●電子機器の使い方を制限する方法を考えてリストにしてみましょう。

トレーニング23

## もっとやってみよう　more to do!

●電子機器を使わずに数時間（あるいは1日でも！）を過ごしてみましょう。そして次の質問に答えましょう。

**質問1** 電子機器を使わないで時間を過ごすことが、どれほどつらかったかを、0から10のスケールで考えて当てはまるものに〇をつけましょう。（0は楽にできた、10はとてもつらかった）

0　1　2　3　4　5　6　7　8　9　10

**質問2** この実験があなたにとって、簡単だったり、難しかったりした理由を考えてみましょう。

**質問3** 電子機器はなぜあなたの生活にとって重要なのでしょうか？

**質問4** こうした機器がなかったら、あなたの生活はどう変わっていたでしょう？

**質問5** 使う時間を減らしてもよいと思うものはどれですか？

**質問6** それによってできた時間で、どんな建設的なことができるでしょうか？
（例：宿題をする、家の用事をする）

# 目先の満足と将来の満足

ほしいものを得ることで満足感が得られます。集中するのが苦手な10代は、しなくてはならないことの前に、自分がしたいことをしてしまうことがよくあります。その方が楽しいし、興味がわくし、満足感が得られるからです。これを「目先の満足」（ほしいものをすぐ手に入れること）と呼びます。それに対してほしいものが後から手に入ることを、「将来の満足」と言います。

　何年も前のこと、ある心理学者たちが子どもたちにある実験\*をしました。実験者が部屋の中の子どもたちに、マシュマロを1つずつ与えて部屋から出て行きました。子どもたちは、実験者が戻ってくるまでマシュマロを食べずにがまんできれば、もう1つマシュマロがもらえると言われていました。もし待てなければ、1つのマシュマロでおしまいです。

　何人かの子どもは実験者が戻ってくる前にマシュマロを食べてしまいましたが、食べずに待つことができた子どももいました。それから何年もたって、実験者がその時の子どもたち（すでにもう大人になっていました）に連絡してみたところ、もう1つのマシュマロをもらうために待つことのできた子どもたちの方が、勉強でも仕事においても成功していることがわかりました。

〔監修者注〕：マシュマロの実験とは、未来の報酬を予測し、すぐに食べたいという衝動を抑える能力を調べるテストだが、2019年現在では、"待つことをできた子どもの方が成功した"という点について反論するデータが出されている。

トレーニング 24

## やってみよう

for you to do!

　マシュマロの実験で食べるのをがまんできなかったように、してはいけないとわかっているのに、ついやってしまうことがあることを考えてください。これを「したい」行動と呼びましょう。そして、代わりにやらなくてはならないこと（たとえば、「実験者がもどってくるまで待つ」ような）を「するべき」行動と呼びましょう。

●あなたの「したい」行動と、「したい」行動によってできなくなる「するべき」行動を下にリストにしてみましょう。

| あなたの「するべき」行動 | | あなたの「したい」行動 |
|---|---|---|
| (例) **家の用事** | の代わりに | **ゲームをする** |
| | の代わりに | |
| | の代わりに | |
| | の代わりに | |
| | の代わりに | |
| | の代わりに | |
| | の代わりに | |
| | の代わりに | |
| | の代わりに | |
| | の代わりに | |
| | の代わりに | |

111

## もっとやってみよう

more to do!

　自分の「したい」行動と「するべき」行動をうまくコントロールするのは、1人では難しいかもしれません。「したい」行動を「するべき」行動にしたときにごほうびをもらうというのは、よい方法です。

　マシュマロの実験の子どもたちのように、「するべき」行動のために「したい」行動をがまんすることを覚えれば、もっと「したい」ことができるようになります。

●下の表を使って、するべきことをすませたときのごほうびを決めてみましょう。

| これをすれば | これができる |
|---|---|
| （例）お皿を洗えば | ➡ 好きなテレビ番組が見られる |
|  | ➡ |
|  | ➡ |
|  | ➡ |
|  | ➡ |
|  | ➡ |
|  | ➡ |
|  | ➡ |
|  | ➡ |
|  | ➡ |

トレーニング 24

# 集中力を高めよう

　実行機能に弱いところのある10代は、集中したり、注意を払ったりするのが苦手な場合があります。たとえば、宿題をする時間になったらテレビを消すというように、気の散るような周囲の誘惑を退けたり、刺激を求める気持ちを抑えたりすることができないようです。気持ちを静めて集中するスキルを練習して身につけましょう。

　中学2年生のヒデキさんはいつも興奮して動き回っています。思いつくとすぐに行動するのです。だれかに「どこかに行こうか」と言われたら、1分後にはヒデキさんはもう玄関に座って、すぐにでも出かけようとします。

　ヒデキさんは気の散るものを避けることもできません。部屋にいるときに、廊下でなにか動きがあれば、すぐに見に行きます。家でだれかがテレビを見始めると、すっ飛んで行ってなにを見ているのか知ろうとします。

　こんなふうなので、なにかをきちんとやり遂げることは、ほぼ不可能です。宿題を中途半端なまま提出して先生に叱られるし、外の音やテレビで気が散って家の用事をすませることができないと親にも叱られます。注意を払うのが苦手な人は、どうすればものごとをやり遂げられるようになるでしょうか？

トレーニング 25

## やってみよう

for you to do!

●この練習は、なんにも邪魔されないところで 10 分間座って行ないます。タイマーを用意して 10 分にセットしましょう。そのあいだ、座り心地のよいいすに腰かけて、ただ静かに座っていましょう。周りの様子に注意を向けてみましょう。いろいろなものに注意がいくことに気づいてください。でも、なにかに意識的に注意を向けたり、1 つのことに集中したりしないようにしましょう。注意が落ち着くところで止まり、また別のところへと漂っていくままにしましょう。10 分が過ぎたら、見えたり聞こえたりしたもので、あなたの注意を引いたものを書いてみましょう。

●ほかのものより長くあなたの注意を引きつけていたものがありましたか？　それはなんでしたか？

●なぜそれが、ほかのものより長くあなたの注意を引きつけていたのだと思いますか？

115

## もっとやってみよう

........... more to do!

　集中力の練習には時間と努力が必要ですが、きっとできるようになりますよ。どんなことを学ぶときにも練習が必要です。


　１．前の練習と同じ場所に座って、タイマーを10分にセットしましょう。今度は、なにかがあなたの注意を引いたら、できるだけ長くそれに集中してみましょう。


　２．あなたの注意を引いたものの特徴を、できるだけたくさん、そしてくわしく覚えましょう。見たものでも聞いたものでも、その両方でもよいのです。5つ以上の特徴を見つける努力をしましょう。


　３．あなたが集中しているものの特徴をすべて調べたら、次にあなたの注意を引くものへと集中を移していきましょう。10分が過ぎるまで同じことをくり返しましょう。


●はじめてこの練習をしたあとで、次の２つの質問に答えましょう。

①注意を引くものはいくつありましたか？　名前を書きましょう。

②前のページの練習と比べて、もっと多くのものに注意を引かれましたか？　〇で囲みましょう。

| もっと少なかった　　　　　　　もっと多かった |
| --- |

● 1週間毎日練習してみましょう。何度かやってみたら、身の周りのこと（たとえば、机の上を片づける）1つだけに10分間ずっと集中していられるかどうか試してみて、次の質問に答えましょう。

①1つのものに10分間ずっと集中できましたか？　答えを〇で囲みましょう。

| できた　　　　　　　できなかった |
| --- |

②1つのものだけに集中するために、ほかに見えたものや聞こえたものを、どのようにしてブロックしましたか？

................................................................................................................................

................................................................................................................................

................................................................................................................................

**アドバイス**

　1週間続けて毎日10分ずつ練習したら、次の1週間は毎日15分ずつにしてみましょう。それから次の週は20分でも30分でも、好きなだけ続けてみましょう。練習しているうちに、どんなことにでも集中できるようになりますよ。

# ワーキングメモリー（作業記憶）を向上させよう

**トレーニング 26**

　ワーキングメモリーとは、すぐに使ったり利用したりするつもりの情報を覚えておくことです。たとえば、電話番号を調べたら、電話をかけるまで頭の中で覚えておいたりするときに、ワーキングメモリーを使っているのです。この分野がもともと得意だという人もいますが、そうでなくても練習で向上させることができます。リストに書いたことやほかの情報を必要なときに思い出せる能力は、役に立つスキルです。

　カナさんは小学校の成績はよかったけれど、中学に入ると宿題で苦労するようになりました。宿題を家に持って帰るのを忘れたり、家に持って帰ってもやるのを忘れたり、提出しなかったりなのです。

　それに、2つ以上の指示に従うのも苦手です。たとえばお父さんに「自分の部屋を片づけて宿題をしたら、お皿を洗うのを手伝って」と言われると、宿題をすることは覚えていても、ほかのことを忘れてしまう、といった具合です。ある時には、遠足の許可書に親のサインをもらうのを忘れてしまい、先生に「遠足には行けないよ」と言われて、とても腹を立てたこともありました。

　そこで学校で心理検査＊を受けたところ、カナさんはワーキングメモリーが弱いことがわかりました。でも、それからワーキングメモリーを向上するための訓練をしたら、ちゃんと覚えていられるようになりました。

＊心理検査：知能や認知の発達を知ることができる検査。

トレーニング **26**

## やってみよう

for you to do!

● 120 ページの言葉のリストを 1 分間で覚えてみましょう。それから、このページに戻って、覚えている言葉を全部書き出してみましょう。

### アドバイス

　はじめは、あまりうまくできないかもしれませんね。でも何週間か続けて、毎週一度ずつ練習していけば、リストの言葉を覚えるのが上手になっていくでしょう。ただ、リストを読み直すだけでも上達しますが、言葉を画像と組み合わせて覚えると脳がもっともよく働くようになりますよ。リストの言葉を、頭の中でちょっとおかしなイメージと組み合わせてみましょう。

　たとえば、お母さんにレタスを買ってくるように頼まれたら、お母さんの頭がレタスになってしまったところを想像してみてはどうですか？　これと似た方法で、体の部位を使って言葉を覚える方法もあります。たとえば、足に牛乳をかけたり、膝にバターを塗ったりするのです。すると買いものリストも、忘れられないユニークなイメージになりますね。

119

# 言葉のリスト

| | | | |
|---|---|---|---|
| ネコ | ペンチ | 緑 | 北海道 |
| ねじ回し | 東京都 | オレンジ | 馬 |
| ぶどう | 犬 | 鹿児島県 | すもも |
| 広島県 | なし | 黒 | バナナ |
| しゃっくり | ドライバー | 赤 | 豚 |
| 赤 | 紫 | 山梨県 | 虫 |
| かなづち | サル | リンゴ | ガーガー |
| のこぎり | 下 | | |

トレーニング 26

## もっとやってみよう

more to do!

　たくさんの情報を、覚えやすいようにグループわけする方法もあります。たとえ
ば、9つのものを覚えるとき、3つずつのグループにわけたり、4つと5つのグルー
プにわけたりすれば覚えやすくなります。わけ方に決まりはありません。好きなよう
にわければよいのです。自分にとってなにか意味があるようなグループにわけると、
覚えやすいかもしれません。買いものリストをグループわけするときに、自分の名前
の文字を使ってわけたりするのもいいでしょう。

●さっきと同じように、122ページのリストの言葉を覚えてみましょう。今度のリス
トは、「グループわけ」されています。この練習と、さっきの練習の結果を比べてみ
ましょう。どちらが覚えやすかったですか？

### アドバイス

　グループわけは練習すればするほど上手にできるようになります。どんなわけ方が自分にもっ
とも合うか、いろいろ試してみましょう。次のページのリストのように種類によってわけるのも
いいですし、あいうえお順にわけるのもいいですね。

121

# 言葉のリスト

## 動 物

牛

ロバ

へび

鳥

とかげ

## 道 具

ねじ回し

ドリル

きり

巻き尺

まんりき

## 地名

沖縄県

青森県

石川県

大阪府

長野県

## 色

青

黄色

白

茶色

紫

## 果 物

オレンジ

いちご

グレープフルーツ

キーウィフルーツ

桃

## 仲間がいない言葉

赤ちゃん

車

ブーブー

芝刈り機

明日

トレーニング 26

【自由に絵を描いてみましょう】

# 記憶術を使おう

リストや情報を覚えるために使うちょっとした技を、「記憶術」と言います。買いものリストを忘れないようにしたり、歴史のテストのためにできごとの順番を記憶したり、なにかの手順を覚えるためなどいろいろ役立ちます。

　「いい国作ろう鎌倉幕府」「鳴くよウグイス平安京」といった歴史の年号の語呂合わせを聞いたことがあるでしょうか？　こうした語呂合わせは覚えやすいので、必要なときにすぐ思い出すことができます。

　元素記号を、「水（H）兵（He）リー（Li）ベ（Be）僕（B、C）の（N、O）船（F、Ne）七（Na）曲がる（Mg、Al）シッ（Si）プ（P）ス（S）クラー（Cl、Ar）ク（K）か（Ca）」、太陽系の8つの惑星の名前を、「すいきんちかもくどてんかい」と、軽快なリズムで覚える方法もよく使われています。

　このほかにも、韻を踏む覚え方や、九九の歌や、ABCの歌のような記憶しやすい歌で覚えることも役立ちます。このような記憶法は、情報を長時間忘れないようにしてくれるので、ワーキングメモリーを利用しやすくなります。

## トレーニング 27

### やってみよう  for you to do!

　次の事柄を記憶する記憶法を頭文字、語呂合わせ、韻、歌などを使って作ってみましょう。その事柄に関係のあることを組み込めば、覚えやすいでしょう。たとえば、県名を覚えるときにその県のスポーツチームの名前と組み合わせるというようにです。

● 日本史の時代を覚える方法を考えてみましょう。

| | | | |
|---|---|---|---|
| 奈良 | 縄文 | 江戸 | 昭和 |
| 弥生 | 戦国 | 明治 | 大正 |
| 平安 | 室町 | 平成 | 鎌倉 |

..............................................................................

..............................................................................

..............................................................................

● 九州の県名を記憶してみましょう。

| | | | |
|---|---|---|---|
| 長崎県 | 福岡県 | 熊本県 | 佐賀県 |
| 鹿児島県 | 大分県 | 宮崎県 | |

..............................................................................

..............................................................................

..............................................................................

..............................................................................

125

●世界の７つの大陸名を覚えてみましょう。

| | | | |
|---|---|---|---|
| アフリカ | 北アメリカ | 南アメリカ | ユーラシア |
| 南　極 | オーストラリア | | |

●買いもののリストを記憶してみましょう。

| | | | |
|---|---|---|---|
| 牛乳 | 卵 | ひき肉 | パン |
| ケチャップ | ソーダ | バナナ | バター |
| ドーナツ | 食器洗い洗剤 | シャンプー | トイレットペーパー |
| ドッグフード | 紙皿 | | |

トレーニング **27**

## もっとやってみよう

.......... more to do!

　音楽と記憶にはとても強い関係があることが研究によりわかっています。前に何度も聞いたことのある曲がかかると、すぐにわかりますよね。たぶんいくつかの音を聞いただけで認識できるでしょう。しかも曲がわかったら、全部でなくても歌詞のほとんども思い出せるでしょう。コマーシャルを作る人は、この関係を利用してコマーシャルソングで伝えたい情報が脳裏にやきつくようにしているのです。

●あなたがしなくてはならない作業を忘れない工夫をしてみましょう。家の用事や宿題やなにかほかの重要なことでもいいですね。そのことに関係のある言葉や考えを使って短い歌を作ってみましょう。ラップ調でもロック調でも、どんなスタイルの曲でもいいでしょう。覚えやすい短いものがいいです。

**曲のスタイル：**

**歌　詞：**

127

# 記憶力がアップする脳トレ

　自分の脳の学び方を知れば、いろいろなことをするのに役立ちます。情報を見たり聞いたりして覚えるのがもっとも得意な脳を持つ人も、実際になにかをしながら覚えるのが得意という人もいるでしょう。簡単に記憶できるような、ちょっとした「技」を使って脳をトレーニングすれば、簡単に覚えられて、時間の短縮にもなりますよ。

　中学2年生のメグミさんは、必要なことがいつも覚えられなくて苦労しています。ほとんど毎日なにかをするのを忘れてしまうのです。メグミさんはうんざりして、学校のカウンセラーに相談することにしました。何度かカウンセラーのところに行って、記憶力を高めるスキルを教えてもらいました。練習したおかげで記憶するのが上手になりました。お母さんも気づいて褒めてくれました。忘れずに宿題をきちんとやって提出できるようになったので成績も上がりました。

トレーニング **28**

## やってみよう　for you to do!

　自分の学習スタイルに合った方法で情報を与えられると覚えやすくなります。視覚的スタイルが合う人は見たもの、聴覚的スタイルが合う人は聞いたもの、そして触覚的スタイルが合う人は実際の動作によって覚えると、覚えやすいという傾向があります。

●下に、記憶に役立つ技を6つ挙げました。3つの学習スタイルに合うものが2つずつ書かれています。あなたが使いたいと思う方法を3つ選んで✔をつけましょう。

---

### 視覚的な覚え方

☐ **いつもとちがう状況を作ろう**
　机の上に置いた宿題を学校へ持っていくのを忘れるようなら、たとえば、ぬいぐるみのように、普段はそこにないものを机の上に置いてみましょう。ぬいぐるみを見れば、宿題を持っていくのを思い出しますよ。

☐ **色を使おう**
　覚えるものを色わけしましょう。たとえば、予約や約束は緑色、宿題は黄色でカレンダーに書いておけば、一目でわかるし忘れませんね。

---

### 聴覚的な覚え方

☐ **歌を作ろう**
　覚えたいことはなんでも歌にしてみましょう。たとえば、よく知っている歌の替え歌で買いものリストを作ってもいいですね。

☐ **声に出して言おう**
　声に出して言って、聞いて覚えるようにしましょう。たとえば、クローゼットにブーツをしまうのなら、「今ブーツをクローゼットに入れるよ」と声に出して言ってみるのです。

---

### 触覚的な覚え方

☐ **習慣にしよう**
　場所を決めて、なんでも必ずそこに置くようにしましょう。たとえば、学校から帰ったらいつも同じ台の上に携帯電話を置くように決めます。家で携帯電話を使ったあとも、同じ場所へ戻しましょう。

☐ **体を使って覚えよう**
　足の指から頭のてっぺんまで、いろいろな体の部分を使って覚えましょう。たとえば、バナナと電球を買うのなら、バナナが耳から生えているところと、おへそにさした電球が光っているところを連想します。ばかばかしい方が覚えやすいのです！

## もっとやってみよう

more to do!

　これから数日間、あるいは覚えなくてはならないことがあったら、129 ページで選んだ方法をそれぞれ何回か試してみて、下の質問に答えましょう。

●どの方法が一番効果的でしたか？

●この方法は、１日のうちのどんなことに使いましたか？

●試した方法以外の記憶術を思いついたら、書いてみましょう。試した中で役に立った方法を組み込んで考えてみましょう。視覚的、聴覚的、触覚的のどの方法でもいいですよ。

# 29 トレーニング 将来の自分へ手紙を書こう

どうせ今の状態が将来も変わらないだろうと、あなたは思うことがあるかもしれません。でも、客観的に自分がどんなふうに変わっていくかを考えることは、目標を決めて達成するのに大切なことなのです。「もしこうなったら……」と将来を夢見たり思い描いたりすれば、目標へと続くアイデアが出てきますよ。

　高校3年生のサトシさんは失望しています。自分の生活を変えようと何度も試みたのですが、持続することができないのです。最後の手段として、お兄さんに助けを求めてみることにしました。

　お兄さんは、サトシさんに自分が変えたいと思っていることをすべて書き出してみるように言いました。そして、そうした変化を起こすためになにをすればよいかを一緒に書きました。サトシさんを助けられる人の名前もリストにしました。それから最後に、どれだけ進歩したかわかるチェックリストも作りました。

　しだいにサトシさんは自分の望みがかなうような行動ができるようになり、今の自分についても、将来の自分についても、前向きな気持ちを持てるようになりました。

トレーニング 29

## やってみよう

for you to do!

●未来の自分へ手紙を書きましょう。5年後、10年後に自分がなにをしていると思う
か、あなたの生活のすべての面（仕事、学校、家族、趣味、友だちや恋人との関係な
ど）について、未来のあなたに伝えましょう。

未来の　　　　　　　　　　　　へ

　　未来のあなたは、きっとこうなっているでしょう。

　　　　　　　　　　　　　　　　　　　　　　　　　　　より

133

## もっとやってみよう more to do!

　未来のあなたへ書いた手紙の内容は、将来の夢と言えます。将来の夢はいつか実現したいことですよね。夢と目標のちがいは、夢には計画がまだないということです。夢についての計画を立て、その夢の実現にどんなステップが必要かを知れば、夢が目標になります。夢の計画を立てるためには、だれかの助けが必要かもしれません。

●未来の自分への手紙に書いた夢をリストにしてみましょう。

●その夢を実現するためにどんなステップが必要でしょうか？

●目標へ向かうのを助けてくれる人の名前を書きましょう。

●目標に向かって進んでいくために必要なものや、しなくてはならないことがほかにあれば書きましょう。

# あきらめずに、やり続けよう

　人生を船だと想像してみましょう。あなたは船長です。少し前まで、あなたはどこへ行きたいかわからなくて、ただなんとなく目的もなく、風の吹くままに船を操縦していました。今のあなたには、目的地（目標）があります。でも、この船には電子ナビがついていません。どうやって行きたい場所へ行けばよいでしょう？　進路を決めるのは、船長のあなたです！　海が荒れたり、ひどい天候になったりしたときでも進路から外れないよう、あなたは目的地に着くまで船のかじを取り続けなくてはなりません。目標を決め計画を着実に実行していってはじめて、人生の目標を達成することができるのです。

　目標を決めてそれを達成する技術には、いくつかの実行機能が必要です。自分についてや、ほしいものがなにかを考えること、考えを整理すること、時間を管理すること、目標へ向かって努力しはじめ、努力を続けることです。

　具体的に目標を決め、タイムラインを作り、実現可能な目標を立て、進歩を観察し、ちょうどよい目標を立てる方法を覚えて使っていけば、目標を決めたり達成したりするスキルがアップします。

## 具体的な目標を決めよう

　目標を決めるためには、具体的なことを考えなくてはなりません。「いつかこれに関するなにかをしたい」では十分ではありません。なにをしたいのかをズバリ具体的に決めましょう。たとえば、あなたの目標には、特定の人や場所やものが関わっていますか？　目標を達成するために実際にすることは、なんでしょう？

## タイムラインを作ろう

　タイムラインのない目標は、ただの遠い夢です。将来をぼんやり夢見るのはよいことかもしれませんが、目標達成の期日を決めなければ、夢は夢のままです。

## 実現可能な目標を立てよう

　不可能な目標を立てるのは、目標を立てないよりも危険なのです。たとえば、18歳になる前に車を運転するというような目標はよい考えとは言えません。法律で、18歳にならなければ運転免許が取れないと決められているからです。

## 進歩を観察しよう

　目標に向かってどれだけ進歩したかを客観的に観察できるように、目標を言葉で表しておきましょう。たとえば、「成績を上げる」というようなあいまいで抽象的な目標ではなく、それに向かってどのくらい進歩したか、どうなれば目標に達したことになるかがわかるような指標を考えましょう。「今学期は３科目以上で４を取る」と言うような目標を立てれば進歩がわかりますね。

## ちょうどよい目標を立てよう

　自分にとって非常に困難な目標を立てることは、失敗につながるだけです。たとえば、ジャンプして天井に手が届くようになる、という目標はほとんどの人にとって、限界を超えているでしょう。でも、努力を必要としない目標や、自分の能力を最大限に伸ばそうとしないものは、自己成長のためにあまり意味がないとも言えます。ちょうどよい目標があるはずです。

137

## やってみよう   for you to do!

　目標を書いて進歩を観察する人の方が、目標を達成しやすいということが調査によりわかっています。目標を紙に書くことは、夢が現実になる最大のチャンスを自分に与えるということなのです。

●数分間目を閉じて、133 ページで書いた自分の将来を想像してみましょう。五感すべてを使って、自分がどこにいて、なにをしているかを想像してください。さあ、目を開けて想像の中で見たものをリストにしてみましょう。

_____

_____

_____

_____

　今度は、その情報を 137 ページのように項目にわけてみましょう。想像の中で自分がしていたこと一つひとつについて、できるだけたくさん書いてみましょう。

### 具体的な目標

●目標は、「〜をする」のように前向きな言い方で決めるのがよいのです。「〜しない」のようなネガティブな言葉は使わないようにしましょう。

**わたし（ぼく）は、**
_____

_____

_____

トレーニング 30

## タイムライン

●いつまでに目標を達成しますか？

## 実行可能な目標

●実際に可能な目標ですか？（答えに〇をつけましょう）

| 可　能 | 不可能 | 可能かもしれない |
| --- | --- | --- |

### アドバイス

　答えが「可能」なら次のステップへ進みましょう。答えが「不可能」なら、なぜなのか考えてみましょう。「不可能」や「可能かもしれない」を「可能」にするためには目標のどこを変えればよいでしょうか？　実際にできそうな目標になるまで、具体的な目標やタイムラインを見直して修正してみましょう。

## 進歩の観察

●目標を達成したことがわかるのは、どんなときでしょう？

## ちょうどよい目標

●その目標は、あなたにとって「難しすぎ？」「簡単すぎ？」それとも、「ちょうどぴったり？」か考えてみましょう。その目標は、むりのない背伸びでしょうか？（答えに〇をつけましょう）

| は　い | いいえ | そうかもしれない |
| --- | --- | --- |

### アドバイス

　あなたの答えが「はい」なら、おめでとう！　ぴったりの目標ですね！　答えが「いいえ」なら、なぜなのか考えてみましょう。「いいえ」や「そうかもしれない」を「はい」にするためには目標のどこを変えればよいでしょうか？　チャレンジではあるけど、むりのない目標になるまで、具体的な目標やタイムラインを見直して修正してみましょう。

139

## もっとやってみよう　more to do!

　「短期的」と「長期的」のあいだには、はっきりした境界はありませんが、短期的な目標というのは通常は1年以内に達成できるものです。未来の自分に書いた手紙の目標は、たぶん長期的な目標でしょう。今度は、同じ方法で短期的な目標を立てましょう。たとえば、友だちや家族にむりのない範囲で贈りものをするためにお金を貯める、というような目標でもいいのです。

### 短期的な目標を立てよう

わたし（ぼく）は、

### 具体的な目標

●具体的に、なにをしますか？

わたし（ぼく）は、

### タイムライン

●いつまでに目標を達成しますか？（1年以内で答えましょう）

140

トレーニング 30

## 実行可能な目標

● 実現可能な目標ですか？（答えに○をつけましょう）

| 可　能 | 不可能 | 可能かもしれない |

### アドバイス

　答えが「可能」なら次のステップへ進みましょう。答えが「不可能」なら、なぜなのか考えてみましょう。「不可能」や「可能かもしれない」を「可能」にするためには目標のどこを変えればよいでしょうか？　実際に達成できると自信が持てるまで、具体的な目標やタイムラインを見直して修正してみましょう。

## 進歩の観察

● 目標を達成したことがわかるのは、どんなときでしょう？

## ちょうどよい目標

● その目標は、あなたにとって、むりのない背伸びですか？（答えに○をつけましょう）

| は　い | いいえ | そうかもしれない |

### アドバイス

　あなたの答えが「はい」なら、おめでとう！　ぴったりの目標ですね！　答えが「いいえ」なら、なぜなのか考えてみましょう。「いいえ」や「そうかもしれない」を「はい」にするためには目標のどこを変えればよいでしょうか？　チャレンジではあるけど、むりのない目標になるまで、具体的な目標やタイムラインを見直して修正してみましょう。

141

# トレーニング 31 はじめはうまくいかなくても、あきらめないで!

計画通りにうまくいくこともあれば、目標までもう少しで到達できないこともあるでしょう。うまくいかないときでも、気持ちを奮い起こしてもう一度トライしてみましょう。一度で目標を達成できなかったからといって、あきらめてしまう理由にはなりません。あきらめずにまたやってみればいいのです。

高校1年生のハナさんはとても時間をかけて実行機能を高める練習をしています。毎日することをきちんとしたり、勉強に必要なものを整理したり。記憶力を高めることにも集中したし、目標だって決めました。でもこんなに努力しているのに、いくつかの短期的な目標が達成できません。たとえば、1年間のあいだ、週6日は運動をするという目標を立てたのに、ひと月もたつと、運動をしないための言い訳を考えるようになりました。はじめは、宿題が多すぎて運動する時間がないと、自分に言い聞かせました。それから、「ちっともやせないし、意味ないよ」と思いはじめました。

お父さんは、ハナさんが自分で決めた目標に向かって努力していないことに気づきました。そしてある日、ハナさんに「言い訳ばかりして運動を怠っているみたいだ」と言いました。そしてハナさんと一緒に目標を見直しました。ハナさんは、週6日も運動するというのは、ほかの用事を考えると、とても非現実的な目標だということに気づき、目標を修正して、週6日を週3日に変えました。なにか用事ができたときは、運動ができなくても自分を責めないということも決めました。

こうして、ハナさんはほかの用事で忙しいときでも、つねに週に2日か3日は運動することができるようになりました。目標がより現実的になったことで、運動することがもっと楽しくなっただけでなく、スリムになってきたようです。それにほかにもいろいろなことがうまくいくようになりました。

トレーニング 31

## やってみよう  for you to do!

●このトレーニングブックでやったトレーニングを全部思い出してみましょう。あまりうまくいかなかったと思うのは、どれでしたか？

●なぜうまくいかなかったと思いますか？

●うまくいかなかったトレーニングをもう一度やるとしたら、だれに助けてもらえばいいでしょう？　トレーニング 22 の「手助けの手」(103 ページ) を見直してみましょう。

●手助けしてくれる人と一緒に、もう一度やってみようと思うトレーニングを 1 つ選びましょう。

●今度は、前とちがうどんな方法を試してみようと思いますか？

143

## もっとやってみよう　more to do!

● 「怠る」の意味を辞書で引いてここに書きましょう。

●自分の思ったような結果にならなかったトレーニングについて、どこか怠ったところはありませんでしたか？

●どうすれば計画通りのよい結果になっていたと思うかや、この次にトライするときはどうすればいいかなどを、信頼できる大人と話し合ってみましょう。どんなアドバイスをもらったか、書いてみましょう。

●いくつかトレーニングがうまくできなかったことについて、自分をけなしたり責めたりしたとしたら、どんなふうにしましたか？

●うまくできなかったトレーニングにまたトライするために、どうすれば自分にもっと優しくなったり、自分を励ますことができると思いますか？

> **アドバイス**
> 自分にもっと優しくなって、自分を励ますことができるようになれば、自分や自分のすることに対してより前向きになれて、もっと多くのことが達成できるようになりますよ。

# アメリカの出版社からのメッセージ

　私は、ニュー・ハービンジャー出版の代表として、また 1978 年より臨床心理学者として活動してきました。心の問題を解決するには、エビデンス（科学的根拠）に基づいた心理療法がもっとも役立つと考えています。それらは、科学的な研究（ランダムな比較試験）に由来した、効果が認められた治療です。

　エビデンスに基づいていない心理療法は、それが臨床医の治療によるものでも、この本のような自分で行なうトレーニング方式によるものでも、あまり効果がないと言えます。その考えから、私たちニュー・ハービンジャー出版が刊行する本はすべて、エビデンスに基づいた本となっています。

　しかし、もしこの本があなたが抱えている問題の十分な助けにならない場合は、臨床心理士やカウンセラーなどの専門家を見つけてください。そのことを、あなたの苦労を理解してくれる親や先生など大人に相談するということが大切です。

　あなたが苦しんできた問題を実際に助ける方法は、必ずあります。それは、きっとあなたの人生を変えてくれることでしょう。

ニュー・ハービンジャー出版代表<br>
マシュー・マッケイ博士

# 日本語版によせて

　本書は、10代の若者に焦点をあて、実行機能がどのようなものであるのか、また、実行機能はどのようにしたら向上させることができるかを紹介することを目的とした本です。この本の重要性を理解してもらうためには、①実行機能がどのくらい大事なものなのか、②10代＝青年期が、実行機能の発達においてどのような時期であるか、を理解してもらう必要があります。そのため、以下ではこれらの点について解説していきます。

　実行機能は、日本ではまだ聞きなれない言葉だと思います。ですが、世界的には、現在、子どもの教育や発達に関わる人々のあいだで、最も注目を集める能力の1つです。というのも、子どもの頃にこの能力が高いと、後の学力や人間関係、大人になったときの収入や健康状態がいいことが相次いで報告されているためです。たとえば、実行機能が高い子どもは、算数や国語が非常に得意であり、問題行動も少ないことが報告されています。このようなデータは、日本国内でも報告されています。

　長らく、子どもの将来に必要な能力は、IQに代表されるような頭の良さでした。たしかに、IQが高い子どもは、学力も高く、将来の収入も多いことが知られています。しかし、IQが高くても、人間関係がうまくいくわけではありませんし、幸福な人生を送ることができるわけでもありません。またIQは、トレーニングよって向上させることが難しいのも問題です。そのような中で、近年、頭の良さとは異なる「社会情緒的スキル」に注目が集まっています。これは、言うなれば、自分自身や他人と折り合いをつける能力のことを指します。自分の感情をうまく調整したり、他人とうまくやっていったり、目標を達成したりする能力です。この中で代表的なものが、実行機能なのです（ただし、最近は社会情緒的スキルとは異なる能力として考えられています）。

　学術的には、実行機能は、目標を達成するために、自分の行動や感情をコントロールする力と定義されます。本書の中でも、感情制御力や行動制御力は、実行機能の中心的な能力です。一方で、実行機能にどのような力を含めるかは、研究者や実践家によって異なる場合が多く、この点は注意が必要です。本書でも、自己理解力や整理力などが挙げられていますが、これらはあまり一般的ではありません。

　実行機能は、脳の前頭前野の発達とともに、幼児期頃から著しく発達しはじめます。小学生の時期にも緩やかな発達が続きますが、10代に入ると、実行機能は不

思議な発達を示します。特に、実行機能の中でも、感情制御力などが一時的に低下してしまい、時には小学生よりも低下することすらあります。

これは、思春期に性ホルモンなどの影響で、子どもの脳と体が著しい変化を遂げるためだと考えられています。性ホルモンの影響で、青年期には大脳辺縁系と言われる感情との関わりが深い脳領域の活動が強くなります。このため、青年期には衝動性が高くなってしまい、感情を制御することが難しくなってしまうのです。

衝動性が高くなるのは、若者の特権でもあり、これによって大人たちが思いつかないようなことを成し遂げることもしばしばあります。一方で、衝動性が高くなることで、様々な問題も生じます。ほしいものを盗んでしまう、ドラッグに手を出してしまう、性的欲求を抑えられず犯罪を犯してしまう。これらの行為によって、自分や他人の将来に悪影響を及ぼしてしまうのは想像に難くありません。青年期には実行機能が必要となってくるのです。

このような背景を基に、現在、実行機能の支援が世界的な研究課題になっています。少なくとも IQ よりは実行機能のほうがトレーニングなどで向上させやすいと考えられており、実行機能をトレーニングしようというのです。

トレーニングの対象は、実行機能が発達しはじめる幼児期が中心ですが、変化が激しい青年期も注目を集めつつあります。2019 年現在では、実行機能は、トレーニングすることによって、短期的には向上させられること、長期的には証拠が不十分であることが報告されています。つまり、トレーニング直後には実行機能が向上しているのですが、3 カ月後や 6 カ月後には、またもとに戻っていることがしばしばあるようです。

この意味において、本書で紹介されているトレーニングが実行機能を確実に向上させられるとまでは言い切れません。ただ、本書を通じて、実行機能の大事さを知ってもらい、自分の実行機能のどの部分が強くて、どの部分が弱いのかを考えてもらうこと自体が大事だと私は考えます。このことによって、日常の中で実行機能を意識し、自分の弱さに対処し、行動も変わってくるためです。

本書が、実行機能に困っている 10 代の方々の一助となればと思っています。

森口佑介（京都大学大学院教育学研究科准教授）

## ■著者

### シャロン・A・ハンセン（Sharon A. Hansen）

アメリカ・ウィスコンシン州ベーリン市のスクールカウンセラー。ウィスコンシン州立大学オシュコシュ校において、発達心理学の学士号、また学校カウンセリングに焦点を当てた教育学で修士号を取得。アメリカ合衆国認定のスクールカウンセラー（National Board Certified School Counselor）で、ウィスコンシン州学校カウンセラー協会（WSCA）、アメリカ学校カウンセラー協会（ASCA）に属している。ウィスコンシン州オシュコシュ市在住。

## ■監修者

### 森口佑介（Moriguchi Yusuke）

京都大学大学院教育学研究科准教授。博士（文学）。
専門は発達心理学、特に子どもの想像力や実行機能の発達について研究している。
著書に『おさなごころを科学する：進化する乳幼児観』（新曜社、2014年）、『自分をコントロールする力　非認知スキルの心理学』（講談社現代新書、2019年）、編著書に『自己制御の発達と支援（シリーズ　支援のための発達心理学)』（金子書房、2018年）、がある。
Twitter：@moriguchiy

## ■訳者

### 上田勢子（Uyeda Seiko）

東京都生まれ。1979年よりアメリカ・カリフォルニア州在住。
慶応義塾大学文学部社会学科卒業、カリフォルニア州CCAC美術大学にて写真専攻後、カーメル写真センター理事を務める。1984年から現在まで出版企画、翻訳、写真展企画などを手がける。
●児童書・一般書の翻訳
『わかって私のハンディキャップ』（全6冊）（大月書店、2016年）
『教えて！哲学者たち　子どもとつくる哲学の教室』（上）・（下）（大月書店、2016年）
『だいじょうぶ　自分でできる〜ワークブック（イラスト版子どもの認知行動療法)』（全8巻）
（明石書店、2009〜2016年）
『レッド　あかくてあおいクレヨンのはなし』（子どもの未来社、2017年）
『わたしらしく、LGBTQ』（全4冊）（大月書店、2017年）他、多数翻訳。

組　版　Shima.
本文デザイン　椎原由美子（シー・オーツーデザイン）
イラスト　WOODY
カバーデザイン　宇都木スズムシ（ムシカゴグラフィクス）

〈10代の心理をサポートするワークブック①〉

## インスタントヘルプ！　10代のための実行機能トレーニング

準備が苦手、忘れものが多い、考えがまとまらない子どもをヘルプするワーク

2019年12月5日　　第1刷発行
2022年7月15日　　第2刷発行

著　　　者　シャロン・A・ハンセン
監　　　修　森口佑介
訳　　　者　上田勢子
発　行　者　坂上美樹
発　行　所　合同出版株式会社
　　　　　　　東京都小金井市関野町1-6-10
　　　　　　　郵便番号　184-0001
　　　　　　　電話　042（401）2930
　　　　　　　振替　00180-9-65422
　　　　　　　ホームページ　https://www.godo-shuppan.co.jp/

印刷・製本　恵友印刷株式会社

■刊行図書リストを無料進呈いたします。
■落丁・乱丁の際はお取り換えいたします。
本書を無断で複写・転訳載することは、法律で認められている場合を除き、著作権及び出版社の権利の侵害になりますので、その場合にはあらかじめ小社宛てに許諾を求めてください。
ISBN978-4-7726-1401-6　NDC378　257×182
©UYEDA Seiko, 2019

**シリーズ** 10代の心理をサポートする　ワークブック

自分を楽にするこつを身につけよう

## インスタントヘルプ！

① 10代のための **実行機能** トレーニング
準備が苦手、忘れものが多い、考えがまとまらない子どもをヘルプするワーク

② 10代のための **マインドフルネス** トレーニング
心配しがち、不安でいっぱいな子どもをヘルプするワーク　〔2020年刊行〕

③ 10代のための **ジェンダークエスト** トレーニング
ジェンダーバイアスから心と体をヘルプするワーク　〔2020年刊行〕

④ 10代のための **レジリエンス** トレーニング
つらい状況に立ち向かい、しなやかな心をヘルプするワーク　〔2020年刊行〕

アメリカでの科学的な研究や
エビデンスに基づいた
心理療法トレーニングで
10代の子どもの心と体の問題を
サポートするシリーズです。

●各巻本体2400円から

合同出版

＊別途消費税がかかります。